Entdecken Sie Ihre Fähigkeiten
mit Dale Carnegie

Dr. Arthur R. Pell

Michael Hardt

erhält diese besondere Auszeichnung für einen eindrucksvollen Beitrag im Dale Carnegie Training®

Herzlichen Glückwunsch!

Ihr Trainer

Marla Lippe

Silke Diebing

Hartmut Adam

Andreas Reimer

Frankfurt, 18. Mai 1993

Dr. Arthur R. Pell

Entdecken Sie Ihre Fähigkeiten

mit Dale Carnegie

Verlag Lebendiges Wort GmbH

Titel der Originalausgabe: ENRICH YOUR LIFE
The Dale Carnegie Way
Arthur R. Pell, Ph.D.

Übersetzung: J. König-Perez

Umschlaggestaltung Gisela Scheer, Grafik-Design, Wetzlar
Gesamtherstellung St.-Johannis-Druckerei, Lahr

ISBN 3-87470342-8

Den mehr als
zweieinhalb Millionen Menschen,
deren Leben durch die
Dale Carnegie Kurse
bereichert wurde

Inhalt

Vorwort

Ein reicheres Leben – welch großartiges Ziel! Aber ist es erreichbar? Ganz gewiß, wie mehr als zweieinhalb Millionen Menschen* es in der ganzen Welt erfahren haben.

Dieses Buch zeigt, wie Menschen durch das Dale Carnegie Training** gelernt haben, Ängste zu überwinden, Selbstvertrauen zu entwickeln, Begeisterung einzusetzen sowie private und berufliche Beziehungen zu verbessern.

Absolventen der Dale Carnegie Kurse, die das vorliegende Buch lesen, werden darin ihre Erfahrungen bestätigt finden und erneut daran erinnert werden, wie sich ihr Leben verändert hat.

Denen, die Dale Carnegie erst entdecken und jetzt überlegen, ob sie an einem Kurs teilnehmen sollen, zeigt das Buch eine neue Art, das Leben zu betrachten und dadurch selbstbewußter zu werden.

Für den ehemaligen und den zukünftigen Teilnehmer wird dieses Buch zur anregenden Lektüre. Den einen erinnern die genannten Situationen an bereits Erlebtes, der andere ist darauf gespannt, es selbst zu erleben.

Mein Dank gilt allen Lizenzträgern, Kursleitern und anderen Mitarbeitern der Dale Carnegie Organisation,

* Anm. d. Übers.: Mittlerweile sind es mehr als 3 Mio. Menschen, die Dale Carnegie Kurse absolviert haben.

** Dale Carnegie® und Dale Carnegie Training® sind eingetragene Warenzeichen der Dale Carnegie & Associates, Inc. 1987.

die mir beim Beschaffen der nötigen Informationen geholfen haben, damit aus diesem Buch ein umfassendes Portrait von Dale Carnegies Werk werden konnte. Mein besonderer Dank gilt Dorothy Carnegie, J. Oliver Crom, Dr. Paul J. Mackey, Richard D. Morgal, Mike Rothenberger, John Cooper, Dr. L. Gray Burdin und John McGrath.

April 1979 Dr. Arthur R. Pell

Vorwort zur deutschen Ausgabe

Im deutschen Sprachgebiet ist Dale Carnegie besonders als Autor bekannt. Sein Buch *Sorge dich nicht – lebe!* erscheint seit Jahren regelmäßig auf der Bestsellerliste des Magazins *Der Spiegel*.

Aber auch als Pädagoge hat Carnegie sich einen Namen gemacht. Immer mehr Menschen nehmen hierzulande an seinen Trainingsprogrammen teil.

Das vorliegende Buch gibt Einblick in Ziele, Methodik und Atmosphäre dieses Kurses. Dadurch wird verständlich, warum Absolventen häufig mit großer Begeisterung davon berichten.

Seit der Erstausgabe dieses Buchees vor 12 Jahren hat sich die Dale Carnegie Organisation erheblich ausgedehnt. Inzwischen sind ca. 4000 Trainer in 70 Ländern im Einsatz. Die Zahl der Absolventen ist auf über 3,5 Millionen gestiegen. Alle Programme werden ständig revidiert und aktualisiert. Sie werden in 15 Entwicklungszentren gründlich getestet, ehe sie weltweit zum Einsatz kommen.

In 25jähriger Mitarbeit in der deutschen Sektion habe ich nicht nur an Tausenden beobachtet, daß ihr Leben wirklich bereichert wurde. Ich bin auch sehr dankbar dafür, daß dabei keine überzogenen Erwartungen geweckt oder manipulative Tricks vermittelt werden. Dale Carnegie Training ist kein esoterisches Programm für Eingeweihte, sondern eine höchst realistische Anleitung zur Bewältigung von Alltagsproblemen.

Ich hoffe, daß die Lektüre der folgenden Seiten nicht nur interessante Informationen vermittelt, sondern auch zu praktischen Veränderungen anregt.

Frühjahr 1991 Dieter Alten

1

Der Weg zu einem erfüllten Leben

Bedenken Sie, daß Glücklichsein nicht davon abhängt, wer Sie sind oder was Sie besitzen. Es hängt einzig und allein davon ab, was Sie denken. Beginnen Sie deshalb jeden Tag damit, an all die Dinge zu denken, für die Sie dankbar sein können. Ihre Zukunft wird weitgehend davon abhängen, was Sie heute denken. Lassen Sie daher Hoffnung und Zuversicht, Liebe und den Wunsch nach Erfolg Ihre Gedanken bestimmen.

Dale Carnegie

Jerry Nelsons Hand zitterte, als er im Fahrstuhl des Bürogebäudes Nr. 535 in der New Yorker Fifth Avenue auf den Knopf des 6. Stockwerks drückte. Als der Fahrstuhl hielt, stand Jerry wie angewurzelt da; er war nicht fähig, sich zu bewegen, während die Tür wieder zuging und der Fahrstuhl weiterfuhr. Wieder drückte er auf den Knopf und zwang sich diesmal zum Aussteigen. Mit weichen Knien ging er auf das Schild zu „Trainingsraum des Dale Carnegie Instituts".

Jerry erlebte, was seit 1912 mehr als zwei Millionen Menschen empfunden haben: das Gefühl des Unbehagens, wenn man zum erstenmal zu einem Dale Carnegie Kurs geht.

Seit Jahren konnte Jerry sich nicht aufraffen, etwas Neues in Angriff zu nehmen. Wenn er Fremde oder Bekannte ansprechen mußte oder seine Arbeitskollegen, die Mitglieder seiner Gemeinde oder selbst seine Nachbarn kennenlernen wollte, fühlte er sich nervös und unsicher. Beruflich kam er nicht weiter, weil er Hemmungen hatte, seinem Chef eine neue Idee zu unterbreiten oder sich an einer Diskussion oder Besprechung zu beteiligen. An diesem Abend fühlte er sich besonders unsicher und fragte sich, ob es wohl die richtige Entscheidung gewesen sei, sich zum Dale Carnegie Kurs anzumelden.

Ohne Schwierigkeiten hatte er sich mit dem Mann aus der Fernsehwerbung identifiziert, der erzählte, daß er vor dem Dale Carnegie Kurs wenig Selbstvertrauen gehabt hatte. Jetzt, nach Kursende, könne er Probleme angehen und sich Ziele stecken. Spontan wählte Jerry die Telefonnummer auf dem Bildschirm, und ein paar Tage später traf er mit Paula Foster zusammen, einer Repräsentantin des Dale Carnegie Instituts.

Paula besprach mit ihm seine Ziele und Wünsche. Sie erklärte, wie der Dale Carnegie Kurs ihm helfen könne, die meisten dieser Ziele auch zu erreichen. Daraufhin hatte er sich angemeldet. Paula hatte noch erwähnt, daß die Teilnehmer jeden Abend eine kurze Rede hielten. Er hoffte, heute Abend nicht zu vielen Unbekannten sprechen zu müssen. Vielleicht konnte er sich immer noch anders entscheiden? Er konnte immer noch umkehren, niemand würde es sehen.

Plötzlich hörte er eine vertraute Stimme: „Guten Abend, Jerry!" Es war Paula Foster. „Willkommen! Wir wollen hineingehen." Zwanzig oder mehr Leute, denen man ihr Unbehagen ansah, waren im Raum. In den nächsten zehn Minuten kamen noch ungefähr zwanzig andere dazu. Genau um 18 Uhr bat Tom Hill, der Kursleiter, um Ruhe. Die Anwesenden wurden gebeten, sich in einen Kreis zu setzen. Danach stellten sie sich einander vor. So wurde ein sorgfältig geplantes und strukturiertes Programm in die Tat umgesetzt, das das Leben der meisten Anwesenden beeinflussen sollte.

Etwas später fragte Tom Hill jeden, was er sich von dem Kurs erhoffte. Jerry erzählte, daß er selbstsicherer werden wolle. Betty Feldman, eine Buchhalterin, sagte: „Ich möchte meine Ideen anderen geordnet und überzeugend mitteilen können. Ich habe erkannt, daß zwischenmenschliche Beziehungen von der Kommunikation abhängen. Wenn ich meine Gedanken klar und positiv ausdrücken kann, werden sie eher akzeptiert. Der Kurs kann mir im Beruf und im Privatleben helfen."

Pete O'Malley, ein Schadenssachverständiger erklärte, er sei zu pessimistisch und müsse lernen, mit alltäglichen Problemen positiver umzugehen. Bill Slovak, der eine kleine Firma für Klimaanlagen besaß, hatte Angst vor Entscheidungen und Risiken: „Ich mache mir immer Sorgen, daß etwas schiefgehen kann. Meist sind meine Entscheidungen richtig, wenn aber etwas mißlingt, gerate ich in Panik. Ich möchte so über den Dingen stehen, daß ich auch Mißerfolge hinnehmen kann, ohne gleich in die Luft zu gehen."

Kathy Dumas, eine Hausfrau, gestand den Anwesenden, daß sie Leute beneidet, die Begeisterung ausstrahlen: „Begeisterung ist doch ansteckend. Ich weiß, wenn ich mich begeistern kann, wird sich dies auf meine Familie und Freunde übertragen."

Wally McCarthy berichtete: „Ich bin Verkäufer. Einer meiner Freunde hat den Dale Carnegie Kurs besucht und ist vom drittbesten zum besten Verkäufer aufgestiegen. Ich bin schon erfolgreich, aber ich will noch besser und vielleicht Verkaufsleiter werden."

Jerry, Betty, Pete, Kathy und Wally stehen für Zehntausende, die den Dale Carnegie Kurs in vielen Ländern besuchen. Sie haben etwas in ihrem Leben vermißt und gespürt, daß unentdeckte Fähigkeiten in ihnen schlummern. Sie haben nach einer Möglichkeit gesucht, diese Fähigkeiten zu nutzen, um ihre täglichen Probleme in Angriff zu nehmen und mit mehr Freude und Zufriedenheit leben zu können.

1912 rief Dale Carnegie ein Programm ins Leben, das Millionen Menschen in mehr als 70 Ländern diesen Weg gewiesen hat. Er hat Männern und Frauen aller Altersstufen, Rassen, Nationalitäten und Berufe die Mittel und Wege zu einem erfüllteren Leben gezeigt.

In diesem Buch untersuchen wir, was Dale Carnegie und seine Nachfolger getan haben, um die Menschen beim Erreichen dieses Zieles zu unterstützen. Wir besuchen sozusagen das Training und beobachten, wie die Absolventen der verschiedenen Dale Carnegie Kurse in ihrem Beruf, in ihren gesellschaftlichen und familiären Beziehungen vorankommen.

Hätte jemand Dale Carnegie an dem Abend, als er 1912 in New York seinen ersten Kurs begann, gesagt, er würde das Leben von Millionen beeinflussen – direkt durch seine Kurse und indirekt durch seine Bücher –, er wäre höchst erstaunt gewesen. Damals lehrte er nur einen Rhetorikkurs. Erst später erkannte er, daß seine Methoden einen Prozeß in Gang gebracht hatten, der das Leben der Menschen bereichern sollte. Bei jedem Treffen sprachen die Kursteilnehmer über ihre Probleme und Erfolge, über ihre Niederlagen und Siege. Durch diese Berichte verlagerte sich der Schwerpunkt des Kurses vom reinen Redetraining zu Veränderungen der gesamten Lebensweise.

Im Lauf der Jahre systematisierte und standardisierte Dale Carnegie sein Trainingsprogramm. Als er die Kurse nicht mehr alle selbst halten konnte, bildete er sorgfältig ausgewählte Kursleiter aus. Heute gibt es über 1500 Männer und Frauen auf der ganzen Welt, die seine Kurse durchführen können.*

Der Grundgedanke aller Dale Carnegie Kurse ist, daß Teilnehmer ihr Selbstvertrauen stärken und dadurch erfolgreicher und erfüllter leben können. Der Erfolg dieses Konzepts wird durch zahllose Briefe von Absolventen an die Dale Carnegie Gesellschaft in New York und an die verschiedenen Lizenzträger** der Dale Carnegie Kurse in aller Welt bestätigt. Diese Briefe stammen von

* Mittlerweile sind es über 4000 Kursleiter.

** Lizenzträger sind sorgfältig ausgewählte regionale Anbieter von Dale Carnegie Kursen.

Fabrikarbeitern und Hausfrauen, Politikern und Unternehmern, Lehrern und Pfarrern und Menschen aus allen sozialen Schichten.

Barry Luxon, ein Stahlarbeiter aus Ontario, schrieb: „Ich habe meine Arbeit gehaßt und mich gescheut, anderen zu erzählen, welchen Beruf ich habe. Ich habe oft Krämpfe bekommen, wenn ich Schicht hatte. Ich habe Krach mit meiner Frau gehabt. Es war ein elendes Leben. Während des Kurses bekam ich allmählich eine andere Einstellung zu mir selbst. Aber der Abend, an dem ich für meine Rede über menschliche Beziehungen ausgezeichnet worden bin, hat mir bewiesen, daß die Arbeit an mir selbst nicht umsonst gewesen war. Wenn ich zu Kursteilnehmern sprechen konnte, konnte ich auch zu jedem anderen Menschen sprechen. Das hat mir ein bisher unbekanntes Selbstbewußtsein gegeben. Jetzt denke ich immer nur an den einen Tag, an die nächste Schicht. Ich entwickle auf der Arbeit und zu Haus neue Interessen. Ich löse meine Probleme, eins nach dem anderen, mit der Zuversicht, daß ich das kann."

Dorothy Carnegie, Vorsitzende der Dale Carnegie & Associates, Inc. und Witwe von Dale Carnegie, berichtet, daß sie überall Menschen trifft, die den Kurs besucht haben und erzählen, wieviel der Kurs ihnen bedeutet. Vor kurzem erhielt sie den Anruf eines Lehrers, der fast seinen Beruf aufgegeben hätte und ihr erzählte: „Das Trainingsprogramm hat meine ganze Lebenseinstellung verändert. Ich danke Ihnen und der ganzen Trainingsorganisation dafür, daß Sie mir auf den richtigen Weg geholfen haben."

Viele bekannte Persönlichkeiten sind Kursabsolventen, und viele führen ihren Erfolg auf den Kurs zurück. Louie Welch hatte zwei aufeinanderfolgende Wahlen um das Amt des Bürgermeisters von Houston verloren. Er schrieb sich 1963 für den Dale Carnegie Kurs ein und erklärte den Teilnehmern am ersten Abend, daß er um 2 1/2 % „perfekter“ werden wolle, um diese Prozentzahl hatte ihn nämlich sein Gegner bei der Wahl geschlagen. Nach Beendigung des Kurses kandidierte er erneut für dasselbe Amt und wurde Bürgermeister. Er blieb es fünf Amtsperioden hintereinander – ein bisher nie dagewesener Rekord in dieser Stadt. Später wurde er Präsident der Houstoner Handelskammer.

John Ralston war Fußballtrainer an der Universität Stanford, als ihm der Dale Carnegie Kurs empfohlen wurde. Er berichtet: „Nach einem katastrophalen ersten Jahr in Stanford brauchte ich Hilfe. Durch Dale Carnegie erfuhren wir die Vorteile eines Lebens mit positiver Einstellung. Alle unsere Ausbilder nahmen am Kurs teil und setzten das Gelernte in die Praxis um. Wir bemerkten eine sofortige Veränderung. In diesem Jahr nahmen wir am Rose Bowl Endspiel teil, und wir verdanken Dale Carnegie viel von unserem Erfolg“. Später wurde Ralston Profifußballtrainer. Er war von den Ergebnissen des Dale Carnegie Trainings so beeindruckt, daß er seine ganze Familie daran teilnehmen ließ und selbst Kursleiter wurde.

Viele Unternehmen haben Mitarbeiter in Dale Carnegie Programme geschickt oder firmeninterne Kurse abhalten lassen. Einige dieser in den ganzen USA und auch im Ausland bekannten Firmen sind Holiday Inn, Johnson & Johnson, Hallmark Cards, Peabody Coal Co., Beach Aircraft, Mc Donald’s und General Motors.

Wegen des Erfolgs des Dale Carnegie Kurses für Kommunikation und Menschenführung* und wegen der Nachfrage der Absolventen nach zusätzlichem Carnegietraining bietet die Dale Carnegie Organisation jetzt vier

* Der Dale Carnegie Kurs für Kommunikation und Menschenführung wird in diesem Buch kurz „Dale Carnegie Kurs“ genannt.

weitere Kurse an: 1. den Dale Carnegie Kurs für motiviertes Verkaufen (in dem die Prinzipien der zwischenmenschlichen Beziehungen, der Kommunikation und der richtigen Verkaufsstrategie trainiert werden). Nur aktive Verkäufer können daran teilnehmen. Dieser Kurs hat sich als wertvolles Verkaufstraining erwiesen. – 2. das Dale Carnegie Seminar für zielorientiertes Management (das die Prinzipien für zwischenmenschliche Beziehungen auf die Mitarbeiterführung anwendet. Grundidee dieses Programms ist, daß es im Management vor allem um richtige Menschenführung geht. Dazu werden die Funktionen ergebnisbezogenen Managements behandelt). Nur aktive Führungskräfte sind zur Teilnahme zugelassen.

Die zwei anderen angebotenen Programme sind der Kundenbeziehungskurs für den Einzelhandel sowie der Kurs für innerbetriebliche Zusammenarbeit, der Anleitung zu Teamarbeit und guten zwischenmenschlichen Beziehungen bietet. Diese Trainings werden meist firmenintern durchgeführt.

Die Lehrbücher, die in diesen Kursen benutzt werden, haben eine große Verbreitung erfahren. Carnegies berühmtestes Buch *Wie man Freunde gewinnt* ist mit über 10 Millionen Exemplaren eins der meistverkauften Sachbücher. *Sorge dich nicht – lebe* ist ebenfalls ein Bestseller. Diese Bücher haben das Leben vieler Menschen bereichert.

Ein Absolvent aus Ohio schrieb: „Ich hatte beide Bücher gelesen, und ich glaubte, daß ich das Gelesene auch in die Tat umsetzen könne. Ich akzeptierte es verstandesmäßig. Doch es ist eine Sache, etwas intellektuell zu verstehen und eine andere, dies Verstehen auch praktisch umzusetzen, so daß die eigenen Emotionen und der Umgang mit anderen sich verändern. Der Dale Carnegie Kurs hat mir neue Perspektiven gegeben, mit denen ich arbeiten kann. Das half mir, mich selbst besser zu verstehen und meine Lebenseinstellung zu revidieren."*

1979 hat die Dale Carnegie Organisation eine Umfrage unter 15.032 amerikanischen Kursteilnehmern über ihre Herkunft und ihr jetziges Leben durchgeführt: Über 70 % der Teilnehmer waren zwischen 25 und 49 Jahre alt. Knapp 75 % waren männlich, fast alle hatten zumindest eine High School Ausbildung, 33 % hatten ein College besucht, 26 % waren College-Absolventen, 11 % waren Universitätsstudenten, 28 % verfügten über ein Familieneinkommen zwischen 15.000 und 25.000 $, 52 % verdienten über 25.000 $ jährlich. 25 % waren Manager, 22 % im Verkauf beschäftigt, 9 % waren freiberuflich tätig. 27 % hatten den Kurs auf Anraten ihres Chefs besucht, für 72 % zahlten ihre Firmen die Kursgebühr ganz oder teilweise.

Nach den Gründen für Ihre Teilnahme am Kurs befragt, ergaben sich verschiedene Antworten: Persönliches Fortkommen wurde von 24 % angegeben, 22 % führten den Wunsch nach Stärkung des Selbstvertrauens an, 15 % wollten ihre Redefähigkeit verbessern, 15 % mehr über zwischenmenschliche Beziehungen erfahren. Eine ähnliche Studie aus Kanada ergab keine wesentlichen Unterschiede.

Haben diese Menschen gefunden, was sie in den Dale Carnegie Kursen gesucht haben? Der beste Indikator für das Versagen von Bildungsangeboten ist die Zahl derer, die vorzeitig aufhören. In den Dale Carnegie Kursen beträgt diese Zahl selten mehr als 14 %. Aber auch das ist oft auf Probleme zurückzuführen, die unabhängig vom Kurs sind. Wenn man bedenkt, daß durchschnittlich 30-50 % eine berufliche Fortbildung abbrechen, handelt

* Ein weiteres Textbuch für den Kommunikationsbereich des Dale Carnegie Kurses ist *Rede – die Macht des gesprochenen Wortes.*

es sich beim Dale Carnegie Kurs um ein außergewöhnliches Programm. In der 1979 durchgeführten Umfrage bezeichneten 50 % den Kurs als hervorragend und 40 % als gut.

Ein wesentlicher Teil dieses Erfolges beruht auf dem Einsatz der haupt- und nebenberuflichen Kursleiter. Diese Mitarbeiter sind ständig darum bemüht, ihr Training noch wirkungsvoller zu gestalten. Sie nehmen in ihrer Freizeit und auf eigene Kosten an Konferenzen und Auffrischungsseminaren teil. Sie vergleichen ihre Arbeit oft mit der von Missionaren. Gerard Weyne, Dale Carnegie Lizenzträger in Frankreich, wurde gefragt, wie die Dinge in seinem Land liefen. Er antwortete: „Natürlich großartig. Schließlich verkaufe ich Zufriedenheit."

J. Oliver Crom, Präsident der Dale Carnegie & Associates, Inc., führt das enorme Wachstum seiner Organisation auf die Einstellung seiner Mitarbeiter zurück, die den Menschen in den Mittelpunkt der Kurse stellen: „Dieser Einsatz, diese Ziele und dies Engagement haben uns dieses Ergebnis gebracht. Mit den großartigen Menschen, aus denen sich die Organisation zusammensetzt, werden wir in der Lage sein, die Erfolge des Dale Carnegie Trainings weiter über die freie Welt zu verbreiten."

Das Training hat Menschen glücklicher gemacht und das Leben zahlloser Kursteilnehmer bereichert, und zwar Menschen jeden Alters. Eines der Carnegie Projekte besteht darin, den Kurs für die Mitglieder von drei Jugendgruppen kostenlos anzubieten: Für Junior Achievement, Future Farmers of America und die 4-H Clubs. Diese jungen Teilnehmer berichten, daß sich ihre Noten in der Schule verbesserten, daß sie Wettbewerbe gewannen und ihr Leben mit einer positiveren Einstellung planten. Aber auch viele ältere Leute nehmen an den Kursen teil. Als Cyrus B. Powers aus Kansas an seinem 95. Geburtstag interviewt wurde, nannte er die Teilnahme am Dale Carnegie Kurs mit 72 Jahren einen der Höhepunkte seines Lebens.

Auch Frau Mary Housand aus Michigan ist durch den Kurs bereichert worden. Sie war gerade verwitwet und hatte Schwierigkeiten, ihren Lebensunterhalt selbst zu verdienen. Als sie zu Kursbeginn ihren Namen nennen sollte, brach sie aus Nervosität in Tränen aus. Aber sie hielt durch. Nach Kursende ging sie in den Immobilienverkauf. Niemals hätte sie vorher gedacht, daß sie genug Selbstvertrauen für diese Arbeit haben würde. Innerhalb weniger Jahre wurde sie in die örtliche Vertretung der Immobilienmakler gewählt als erste Frau, der diese Ehre zuteil wurde. Wiederholt fiel die Wahl des „Immobilienmaklers des Jahres" auf sie. 1976 erhielt sie diese Auszeichnung für den ganzen Staat Michigan und wurde später Direktorin der Nationalen Immobiliengesellschaft.

Einige Teilnehmer brachten große Opfer, um den Kurs besuchen zu können. Eine Gruppe von 18 Kursteilnehmern in Australien mietete einen Bus, um aus ihrer kleinen Stadt in die 130 km entfernt gelegene Großstadt zu fahren, weil nur dort Kurse veranstaltet wurden. Der Pendler, der sicher den weitesten Weg zum Kurs gehabt hat, ist C.A.L. Morberg aus Manitoba. Er flog 840 km nach Winnipeg und zurück, ohne einen Kursabend zu versäumen. Während der 14 Kurswochen legte er 23657 km zurück.

Joyce Lemming aus Pennsylvania erzählt, wie sie und ihr Mann 4 Tage auf dem Susquehanna gepaddelt sind: „Am letzten Morgen ließen wir das Frühstück ausfallen und brachen das Lager vor Sonnenaufgang ab. Wir mußten 3-4 Stunden paddeln bis zum Parkplatz unseres Autos. Um 18 Uhr wollten wir zu Haus sein, um pünktlich zum Dale Carnegie Kurs zu kommen. Das flache Wasser ließ uns immer wieder auf Grund laufen. Wir zogen das

Kanu über das felsige Flußbett in tieferes Wasser und paddelten weiter. Nach einer Weile fühlten sich meine Arme wie Gummi an, und die Sonne war immer heißer geworden.

Endlich legten wir an. Ich lief zum Auto, ließ den Motor an ... und hatte einen Platten! Frank kam mit unserer Ausrüstung das Ufer herauf. In aller Eile wechselten wir den Reifen, befestigten das Kanu auf dem Autodach und rasten los. Inzwischen hatte die Sonne meine Beine verbrannt, und unsere Mägen knurrten. Um 14 Uhr hielten wir an einer Lastwagentankstelle, aßen etwas und sahen uns den Platten an. Der Reifen war mit einem Messer aufgeschlitzt worden. Und noch etwas! Der rechte Scheibenwischer war verschmiert mit rohem, von vier Tagen Sonne getrocknetem Ei. Und es sah aus, als wollte es regnen.

Weiter fuhren wir, hügelauf und hügelab, um scharfe Kurven und auf schmalen Straßen mit langsamem Verkehr. Ich wurde unruhig,die Zeit verstrich. „Entspanne dich“, sagte ich mir die ganze Zeit.

Endlich waren wir zu Haus! Ich lief hinein, zog mich schon während des Laufens aus. Meine Haare sahen furchtbar aus, meine Nase war knallrot. Eine Unmenge roter Flußschlamm floß in den Abfluß, als ich mich duschte. 15 Minuten später sprangen wir wieder ins Auto. Wir waren über 14 Stunden auf den Beinen gewesen, aber zum Kursabend hatten wir uns nur 30 Minuten verspätet!“

Natürlich gab es in all den Jahren auch immer wieder Skeptiker im Hinblick auf ein Training zur Persönlichkeitsentfaltung, das so etwas Undefiniertes wie Selbstvertrauen aufbauen sollte. Dale Carnegie und seine Nachfolger konnten diese Skepsis überwinden.

Gary Yanker und Jack White, zwei Jurastudenten aus New York, nahmen sich vor, an verschiedenen Kursen für Persönlichkeitsentfaltung teilzunehmen. Sie wollten herausfinden, ob sie die Versprechungen erfüllten. Als Ergebnis ist das Buch *Improving Yourself* erschienen, in dem sie ihre Erfahrungen darlegen.*

Unter den Kursen, die sie besuchten, waren solche für Gedächtnistraining, Schnellesen und Persönlichkeitsentwicklung. Von allen erwähnten Kursen gaben sie dem Dale Carnegie Kurs die beste Bewertung.

Gary Yanker berichtete: „Ich bin überrascht, wie leicht es mir jetzt fällt, die Aufforderung zu einer Rede vor einem Saal voller Abiturienten anzunehmen. Der Dale Carnegie Kurs hat meine Einstellung zum öffentlichen Reden völlig verändert. Außerdem bin ich viel freundlicher zu anderen geworden (wenn auch nicht zu einem grinsenden Automaten); ich werde manchmal noch wütend, kritisiere andere oder beklage mich, aber nicht mehr so häufig wie früher. Carnegie hat meine negativen gefühlsmäßigen Reflexe verlangsamt und die positiven vermehrt, vor allem meine Begeisterungsfähigkeit. Natürlich konnte ich mich schon vor dem Kurs begeistern, zeigte das aber selten. Jetzt kann ich meine Begeisterung glaubwürdig ausdrücken. Ich glaube nicht, daß ich Tricks für zwischenmenschliche Beziehungen gelernt habe. Ich kann mein Verhalten jetzt einfach besser steuern.

Wenn ich das Material des Dale Carnegie Kurses betrachte, erkenne ich seine Grundlage: die Notwendigkeit echter Kommunikation und aufrichtiger zwischenmenschlicher Beziehungen. Ich glaube, daß Carnegies Prinzipien gesund sind. Es ist der Mühe wert, sie zu erlernen."

Es gibt keinen besonderen Trick, der Ihnen helfen

* Gary D. Yanker und Jack White, *Improving Yourself*, (New York, Dodd, Mead, 1975).

wird, Ihr Leben reicher zu gestalten. Das Leben kann nur durch eine Änderung Ihrer Einstellung und eine gesunde Lebensphilosophie bereichert werden; ganz gleich, ob diese von Sokrates, Mose, Jesus, Buddha oder Mohammed ist. Diese Philosophien sind in Dale Carnegies Kursen mit den neuesten Erkenntnissen der Verhaltensforscher und Psychologen zusammengefaßt worden.

Vor einigen Jahren wurde auf einer Party ein frischgebackener Dale Carnegie Absolvent von seiner Gastgeberin angesprochen: „Versuchen Sie nur nicht, sich mit Ihren Carnegie-Tricks bei mir einzuschmeicheln!" Dale Carnegie hätte darauf geantwortet: „Gnädige Frau, es gibt keine Tricks, was die Beziehungen zwischen Menschen angeht, es gibt nur die richtige Lebensart."

Diese Lebensart werden wir hier untersuchen. Wir betrachten den Menschen Dale Carnegie und werden sehen, wie seine Arbeit die Voraussetzungen für eine Änderung der Lebensweise vieler Menschen schuf. Wir werden seine Unterrichtsmethoden, die Erfahrungen der Teilnehmer und die Wege untersuchen, die wir gehen können, um die eigene Einstellung zum Leben zu ändern, damit wir mehr Erfüllung und Bereicherung erlangen.

2

Der Mensch Dale Carnegie

Dies ist die einzige Chance, die Sie auf dieser Erde in diesem aufregenden Abenteuer „Leben“ haben werden. Warum also sollten Sie dieses Abenteuer nicht planen und versuchen, so intensiv und so glücklich wie möglich zu leben?

Dale Carnegie

Wer war Dale Carnegie? Wer war dieser Mann, der das Leben von Millionen beeinflußte und dessen Arbeit zu einer Revolution der Erwachsenenbildung führte?

Dale Carnegie war ein einfacher Mann, Sohn eines Farmers. Das hat er nie vergessen; selbst dann nicht, als er so berühmt und erfolgreich war, daß alle Welt über ihn sprach.

Seine Kindheit unterschied sich nicht von der anderer Jungen auf den Farmen des Mittleren Westens der USA. Er half bei der Hausarbeit, melkte Kühe und sorgte sich nicht wegen seiner Armut; vielleicht weil er gar nicht wußte, daß seine Familie arm war. An der Seite seines Vaters arbeitete er auf der Farm zu einer Zeit, in der die Landmaschinen noch nicht erfunden waren. Die Arbeit eines ganzen Jahres konnte plötzlich weggeschwemmt, verbrannt oder von Heuschrecken vernichtet werden. Dale sah, daß sein Vater von dieser Plackerei ein gebrochener Mann geworden war. Er schwor sich, nicht sein ganzes Leben gegen schlechtes Wetter und Mißernten zu kämpfen. Der Hauptunterschied zwischen ihm und anderen Jungen in Missouri bestand vielleicht in dem starken Einfluß, den seine Mutter – eine gläubige Frau – auf ihn ausübte. Sie war Lehrerin gewesen, bevor sie James Carnagey* heiratete, und

* Dale änderte seinen Namen später, als er sein Büro in der Carnegie Hall hatte. Er fand, daß es weniger Verwirrung gäbe, wenn er seinen Namen dem des berühmten Gebäudes angliche.

sie träumte davon, daß Dale einmal Pfarrer oder Lehrer sein würde. Deshalb unterstützte sie ihn in dem Wunsch zu studieren.

Nach der Schule ging Dale auf die Pädagogische Hochschule in Warrensburg, Missouri. Sein Ziel war, Abschluß und Lehrbefähigung für die Schulen seines Staates zu erhalten.

Aber Dale Carnegie hat nie an einer öffentlichen Schule unterrichtet. Im letzten Studienjahr begegnete er seinem Kommilitonen Frank Self, der in den Semesterferien Fernkurse verkaufte. Als Dale erfuhr, daß Frank 20 $ plus Spesen pro Woche verdiente – also das Vierfache, was sein Vater in harter Farmarbeit erarbeitete –, wollte er Verkäufer werden. Deshalb wurde er nach dem Studium Vertreter für Fernkurse und bekam 2 $ pro Tag für Unterkunft und Verpflegung zuzüglich einer Verkaufsprovision.

Sein Gebiet war West Nebraska, damals noch weites Land mit wenigen Städten. Dale, der später mehr erfolgreiche Vertreter ausbilden sollte als jemand zuvor, hatte damals wenig Erfolg. Über einen seiner Verkäufe amüsierte er sich noch später. Er verkaufte seinen Fernkurs einem Elektriker, während der auf einem Telefonmast saß und eine Leitung reparierte. Bei diesem unfreiwilligen Zuhörer wandte Dale alle seine Überredungskünste an und konnte ihn tatsächlich für einen Kurs in Elektrotechnik gewinnen.

Trotz seiner Bemühungen fanden die Farmer und ebenso die Städter Nebraskas einen Fernkurs wohl eher unnötig. Da war es wieder eine zufällige Begegnung, die Dales Karriere eine andere Richtung gab. Von seiner Erfolglosigkeit entmutigt, sprach er mit einem Vertreter der National Biscuit Company über seine Sorgen. Dieser erfahrene Verkäufer gab ihm folgenden Rat: „Warum verkaufst du nicht etwas, wofür es beständig

Nachfrage gibt? Ich verkaufe Gebäck an Lebensmittel- und Gemischtwarenhändler. In meinem Bezirk kenne ich jeden Kaufmann. Nie versuche ich, meinen Kunden etwas aufzuschwatzen. Ich sehe mir ihre Vorräte an und notiere den Bedarf. Sie freuen sich auf mich und meine monatlichen Besuche.“

Dale kannte eine Branche, die dieser Beschreibung entsprach, nämlich Fleisch- und Wurstwaren. Er hatte seinem Vater bei der Kälber- und Schweinezucht geholfen und kannte sich etwas auf dem Fleischmarkt aus. Um solch eine Arbeit zu bekommen, mußte er nach Omaha fahren, hatte aber kein Geld für die Fahrkarte. Er wußte, daß Farmer immer Gehilfen für den Viehtransport in Güterzügen brauchten. So ging er zum Viehhof und fand einen Züchter,dessen Pferde nach Omaha gebracht werden sollten und ließ sich anstellen für die Versorgung der Tiere auf dem 500 Meilen langen Transport. Er bekam die Stellung bei der Firma Armour & Co. Nach einem Monat Einarbeitungszeit wurde ihm bei einem Gehalt von 17,31 $ pro Woche plus Spesen der Bezirk Dakota zugeteilt.

Dale teilte seinen Eltern die gute Nachricht mit. Sein Vater, der nie etwas anderes als Farmer gewesen war, schrieb ihm: „Pro Woche 17,31 $! Ich glaube nicht, daß Armour & Co. das aufrecht erhalten kann.“

In dem Buch *Wie man Freunde gewinnt* faßte Lowell Thomas Dales Karriere bei Armour & Co. folgendermaßen zusammen: „Sein Bezirk lag zwischen den Badlands und der vieh- und indianerreichen Gegend von Südwest Dakota. Er reiste in Güterzügen, Postkutschen und zu Pferd. Er schlief in Gasthöfen,deren „Zimmer“ durch Baumwollvorhänge voneinander getrennt waren. Er las Bücher über Verkaufstechnik, ritt bockende Pferde zu, spielte mit Indianern Poker und lernte, wie man am geschicktesten Geld eintreibt. Konnte ein Kaufmann seine

Lieferung an Speck und Schinken nicht bar begleichen, nahm Dale einige Paare Schuhe vom Gestell, verkaufte sie an die Eisenbahner und schickte den Erlös an seine Firma. An manchen Tagen legte er 150 km im Güterzug zurück. Hielt der Zug an, um Fracht auszuladen, rannte Carnegie los, besuchte einige Kaufleute im Ort und nahm ihre Bestellungen auf. Sobald die Lokomotive pfiff, lief er schnell zurück und sprang auf den fahrenden Zug."

Obwohl er solchen Erfolg hatte, daß sein Bezirk vom 25. auf den 1. Platz aufstieg, lehnte er die angebotene Managerposition ab, nahm das gesparte Geld und ging nach Boston, um Schauspieler zu werden.

Es war wieder ein Zufall, der Dales Pläne änderte. Eines Tages saß er im Zug neben Pfarrer Russell, der früher in New York gelebt und Schauspielunterricht gegeben und Theaterstücke aufgeführt hatte. Als Dale ihm von seinen Plänen erzählte, riet er ihm, nicht nach Boston sondern nach New York, dem Zentrum der Theaterwelt, zu gehen. Er verwies ihn an die American Academy of Dramatic Arts als beste Schule des Landes. Dale folgte seinem Rat, änderte sein Reiseziel und damit auch sein Schicksal.

Gleich nach seiner Ankunft in New York ging Dale zur Academy und sprach mit dem Direktor Franklin H. Sargent. Später nannte er dies Gespräch oft seine „Anhörprobe". Sargent schaute ihn an und bat ihn ohne weitere Erklärung, einen Stuhl zu mimen. Gehorsam bog Dale die Knie, hob die Arme, die die Armlehnen darstellen sollten, – und war als Schüler angenommen. Er übernahm eine einzige Rolle bei einer Wanderbühne in dem Stück „Polly of the Circus". Nach einjähriger Tournee stand für Dale fest, daß es für ihn beim Theater keine Zukunft gab.

Nach New York zurückgekehrt, wurde er Auto- und

Lastwagenverkäufer bei der Packard Motor Car Company. Obwohl er einiges verkaufte, machte ihm die Arbeit keine Freude. Er kannte sich mit Motoren und Mechanik nicht aus und interessierte sich auch nicht dafür. Er war entmutigt und glaubte kaum an eine bessere Zukunft.

In einer Rede vor 2000 Zuhörern erinnert sich Dale Carnegie an jene Zeit: „Das war im Herbst 1912, ich war 23 Jahre alt und sagte mir: ‚Dale, mein Junge, ist das das Leben? Ist es das, wovon du damals an der Uni geträumt hast? Was wolltest du für große Dinge vollbringen! Du wolltest Bücher lesen und Zeit haben, Bücher zu schreiben. Und jetzt kommst du jeden Abend mit fürchterlichen Kopfschmerzen nach Hause, weil du deinen Job haßt. Aber das ist jetzt vorbei! Ich will nicht verdienen, ich will leben – das ist wichtiger als Geld!'"

Er nahm sich vor, tagsüber zu schreiben und am Abend sein Geld durch Unterricht an einer Abendschule zu verdienen, bis er seine Bücher verkaufen konnte. „Welche Fächer kann ich unterrichten?", fragte er sich. „Ich dachte an meine College Ausbildung und erkannte, daß die Ausbildung und Erfahrung im freien Sprechen für mich von größerem praktischen Wert gewesen waren als alles andere. Und warum? Weil es mir geholfen hatte, meine Schüchternheit zu überwinden, mein Selbstvertrauen aufzubauen und mir Mut und Sicherheit im Umgang mit Menschen zu geben. Mir war auch klar geworden, daß immer derjenige die Führungsrolle übernimmt, der aufstehen und sagen kann, was er denkt."

Nachdem er von einigen Schulen abgelehnt worden war, entschloß sich Dale, es beim CVJM zu probieren. Er suchte sich absichtlich den kleinsten CVJM der Stadt aus, denn er dachte, daß man ihn dort am ehesten zu einem Vorstellungsgespräch einladen würde. Der Geschäftsführer war allerdings nicht begeistert von einem

Kurs in freier Rede für Geschäftsleute. Er hatte schon einmal einen solchen Kurs angeboten, der nicht sehr erfolgreich gewesen war. Aber er lud Dale zu einem geselligen Abend ein, an dem er eine Rede halten oder auf eine andere Art zur Unterhaltung beitragen konnte.

Damals war das Rezitieren von Gedichten eine beliebte Unterhaltung. Dale wählte zwei bekannte Gedichte aus, nutzte all seine Erfahrungen aus der Zeit am College und der American Academy of Dramatic Arts, um sich gründlich vorzubereiten. Seine Zuhörer applaudierten begeistert. Der Geschäftsführer war so beeindruckt, daß er seine Meinung über den Kurs änderte. Allerdings wollte er nicht die 2 $ riskieren, die er normalerweise pro Abend zahlte. Carnegie mußte sich mit 80 % der Teilnehmergebühr begnügen.

Dale erinnerte sich später: „Ich brauchte also konkrete Ergebnisse, und zwar schnell. Welche Herausforderung! Diese Erwachsenen kamen ja nicht in meinen Unterricht, weil sie einen Schein für die Universität benötigten oder eine solche Ausbildung in der Gesellschaft als schick galt, sondern aus einem einzigen Grund: Sie wollten ihre Probleme lösen, aufstehen und bei einer Geschäftsbesprechung ein paar Worte sagen können, ohne vor Angst ohnmächtig zu werden. Die Verkäufer wollten mit schwierigen Kunden umgehen können und nicht erst dreimal um den Häuserblock laufen müssen, um Mut zu schöpfen. Sie suchten sicheres Auftreten und Selbstvertrauen. Sie wollten beruflich weiterkommen und mehr Geld für ihre Familien haben. Und weil sie die Kursgebühr pro Abend bezahlten und konkrete Ergebnisse sehen wollten, und weil ich nur Prozente bekam und kein Gehalt, mußte ich praktisch sein, wenn ich genug zum Leben haben wollte."

Wie in all den Redekursen, an denen Dale je teilgenommen hatte, begann er über Rhetorik und Redetheorie zu sprechen. Schon bald bemerkte er, daß seine Teilnehmer unruhig und gelangweilt waren. Da mußte etwas geschehen, und zwar schnell. Dale unterbrach seinen Vortrag und bat einen Mann in der hinteren Reihe: „Halten Sie eine Rede aus dem Stegreif." Der Mann war ratlos: „Worüber soll ich denn sprechen?" Dale zögerte einen Augenblick: „Sprechen Sie über sich selbst. Erzählen Sie uns etwas über Ihre Person, über Ihr Leben."

Als der Mann seine Rede beendet hatte, bat Dale einen anderen Kursteilnehmer, über sich zu sprechen, bis alle Anwesenden an die Reihe gekommen waren. „Ohne recht zu wissen, was ich tat, fand ich zufällig die beste Methode, um Furcht zu überwinden", berichtete er später.

Carnegies Vorgehensweise, durch Bewegung und Beteiligung zu unterrichten, wurde seitdem als eine der effektivsten Methoden anerkannt, um Aufmerksamkeit und Interesse zu erhalten. Damals gab es allerdings kaum Vergleichsmöglichkeiten. Heute ist das anders. Viele bessere Redner und selbstbewußtere Menschen in aller Welt beweisen es.

Ein Ereignis aus einem der ersten Kurse zeigt den Wert persönlichen Engagements der Lernenden. Ein Kursteilnehmer war ein ehemaliger Admiral. Aus seinen Reden sprach wenig Lebendigkeit und Begeisterung. „Was kann ich tun", fragte sich Dale, „um diesen Mann aus seiner Reserve zu locken?" Zufällig war im gleichen Kurs ein langhaariger, aggressiver Radikaler. Kurz vor dem nächsten Treffen nahm Dale den jungen Mann beiseite und erklärte ihm, daß er etwas tun wolle, um diesen etwas steifen Admiral herauszufordern. Er bat ihn um eine engagierte, anti-amerikanische Rede. Der junge Mann machte seine Sache besser als erwartet: Mit weitoffenen Augen und flatternden Haaren stürmte er nach vorn, verurteilte die Regierung, schimpfte auf das verteufelte kapitalistische System und rief die Gruppe auf, nach Washington zu marschieren.

Der patriotische Admiral vergaß seine Hemmungen vor den Zuhörern, begann zu sprechen und gab tiefbewegt seiner Liebe für sein Land Ausdruck. Er merkte kaum, daß er eine feurige Rede hielt, aus der seine persönliche Überzeugung sprach. So kam es zur Entwicklung einer neuen Idee, an der Dale und seine Kursteilnehmer gemeinsam mitwirkten.

Carnegies Unterrichtskonzept für öffentliches Reden fand Anklang. Innerhalb weniger Monate gab er Kurse im CVJM an der ganzen Ostküste. Er arbeitete fast jeden Abend und verdiente 30-40 $ Provision. Häufig wurde er auch gebeten, Vorträge in der Carnegie Hall zu halten.

1916 traf Carnegie Lowell Thomas, einen jungen Dozenten in Princeton. Sie wurden Freunde fürs Leben. Diese Freundschaft war später auch der Grund für eine kurze Unterbrechung in Carnegies Karriere als Lehrer. Bald nach Ende des ersten Weltkrieges plante Thomas eine Vortragsreihe über seine Erfahrungen als Kriegsreporter mit Lawrence von Arabien und Allenby in Palästina. Er bat Dale, sein Manager zu werden. Sie arbeiteten ein abwechslungsreiches Programm aus mit Kommentaren, Anekdoten und Dia-Serien. Es war so erfolgreich, daß sie in London monatelang ausverkaufte Vorstellungen hatten. Daraufhin teilten sie das Programm in zwei Teile, eins für jeden von ihnen. Zwei Jahre lang führten sie es auf Tourneen durch USA, England und Kanada durch.

Doch Carnegies wahre Liebe war das Unterrichten, 1922 nahm er seine Kurse wieder auf. Statt weiter mit dem CVJM zu arbeiten, machte er sich selbständig. Das war der Beginn der Carnegie Organisation.

Während einer Europareise traf Carnegie Lolita Baucaire, ein Mädchen aus dem deutsch-französischen Grenzgebiet, das er später heiratete. Die Ehe endete zehn Jahre später mit einer Scheidung. Obwohl Carnegie in seinen Reden nie private Angelegenheiten erwähnte, wurde die Scheidung gelegentlich von einem Zwischenrufer zur Sprache gebracht.

Eines Abends bat ihn eine junge Frau: „Herr Carnegie, kennen Sie ein paar einfache Regeln für eine erfolgreiche Ehe?“ Er antwortete, daß er einige Artikel über dieses Thema geschrieben habe. „Aber“, fuhr sie fort, „sind Sie nicht selbst geschieden?“

„Ja“, gab Carnegie zurück, „ich bin geschieden.“

„Wie können Sie dann über Empfehlungen für eine gute Ehe sprechen, wenn Sie anscheinend auch nicht glücklich waren?“

„Wissen Sie“, antwortete er, „wer könnte mehr über eheliche Schwierigkeiten wissen und darüber, was man falsch machen kann, als ich?“

In den folgenden zwanzig Jahren dehnte sich die Dale Carnegie Organisation über die ganzen USA aus. Die ersten Wirtschaftsschulen erhielten Lizenzen für den Dale Carnegie Kurs. Später wurden gesonderte Lizenzträger mit der Durchführung der Kurse beauftragt. Seine Empfehlungen wurden in den USA und über die Grenzen hinaus bekannt.

Carnegie schrieb zahllose Artikel, die in Zeitungen und Zeitschriften erschienen, leitete eigene Radiosendungen, in denen er berühmte Leute interviewte und „wenig bekannte Tatsachen über sehr bekannte Menschen“ berichtete. Er schrieb Bücher, von denen die meisten noch immer gelesen werden und die in viele Sprachen übersetzt wurden.

Sein erstes erfolgreiches Buch (obwohl frühere Versuche mißlungen waren, hatte Dale nicht aufgegeben), war *Lincoln the Unknown*. Zu seinen weiteren Büchern gehören *Public Speaking - A Practical Course for Business Men* (1926), das 1931 überarbeitet wurde und unter dem Titel erschien *Public Speaking and Influencing Men in Business*; 1943 kam sein Buch nach der gleichnamigen Radiosendung heraus *Little Known Facts About Well-Known People*. Sein berühmtestes Werk *How to Win Friends and Influencing People (Wie man Freunde gewinnt)* wurde 1936 veröffentlicht, und *How to Stop Worrying and Start Living (Sorge dich nicht – lebe)* erschien 1948.

Wie man Freunde gewinnt brachte Dale Carnegie internationalen Ruhm. Der Titel des Buches und der Name Carnegies sind heute in vielen Ländern bekannt. Das Buch wurde in 36 Sprachen übersetzt und ist in 18 Ländern erschienen. Mehr als 10 Millionen Exemplare sind verkauft worden, zusätzlich zu den jährlich 100.000 Büchern, die an die Teilnehmer der Dale Carnegie Kurse ausgegeben werden. Noch immer werden 10.000 Exemplare jährlich verkauft, und das 40 Jahre nach der ersten Auflage! Der Einfluß des Buches ist weltweit. Als der Premierminister von Birma, U Nu, vor einigen Jahren die Vereinigten Staaten besuchte, wollte er vor allen Dingen Dale Carnegie treffen, weil er dieses Buch gelesen hatte. Leider war Carnegie schon vor Nus Besuch verstorben. Nu erzählte, er habe für sein Land zwei Bücher übersetzt, *Wie man Freunde gewinnt* und *Das Kapital* von Karl Marx. Auf die Frage, welches der beiden Bücher in Birma beliebter sei, antwortete er: „Dale Carnegie verkauft sich natürlich besser als Karl Marx."

Sogar kommunistische Staaten haben einige von Carnegies Ideen aufgegriffen. Vor kurzem las man in der New York Times, daß in Rußland Kurse für bessere zwischenmenschliche Beziehungen angeboten werden und eine der wichtigsten Quellen dafür das Material von Dale Carnegie sei.

Wie man Freunde gewinnt war eigentlich nicht für das breite Publikum gedacht. Es entstand aus dem Material, das Carnegie in seinen Kursen benutzte. Im Jahr seines Erscheinens (1936) beschrieb Dale, wie das Buch entstand: „Ich hatte erkannt, daß die Menschen nur zu mir kommen, wenn ich ihnen etwas anbiete, das sie morgen benutzen können, um ihr Einkommen zu verbessern, ihre berufliche Effektivität zu erhöhen und ihre gesellschaftlichen Kontakte zu vermehren. Also mußte ich praktisch vorgehen. In der Leihbücherei konnte ich zu meinem Erstaunen kein einziges Buch zu diesem Thema finden. Aber ich las viele Artikel und stellte dafür sogar einen Fachmann an. 18 Monate verbrachte er damit, täglich acht Stunden lang Tausende von Zeitungsartikeln durchzuarbeiten und alles zu studieren, was auch nur im entferntesten damit zu tun hatte, wie man Freunde gewinnen und Menschen beeinflussen kann.

Schließlich sagte ich ihm: ‚Ich möchte, daß Sie Biographien der großen Menschen aller Zeiten lesen. Ich will herausfinden, weshalb sie in der Lage waren, Freunde zu gewinnen und Menschen zu beeinflussen.' Allein über Theodore Roosevelt las er 20 Biographien. Von Thomas Edison bis Kleopatra studierte er die Lebensbeschreibungen aller Berühmtheiten.

Im Unterricht sagte ich den Teilnehmern: ‚Dies hat Theodore Roosevelt getan, und so hat Benjamin Franklin gehandelt, das haben Lincoln oder Sokrates oder Plato gesagt. – Wie wäre es, wenn Sie dies in Ihrem Alltag ausprobierten? Versuchen Sie es mit Ihren Kunden, Mitarbeitern, in Ihrer Familie! Erzählen Sie uns nächste Woche, wie es funktionierte!' Sie hätten die Begeisterung sehen sollen. Die Teilnehmer kamen wieder und hatten jetzt etwas zu berichten, weil sie bewegende Erfahrungen gemacht hatten. Sie berichteten, ohne zu merken, daß sie eine Rede hielten.

Danach begannen wir darüber zu diskutieren. Sehen Sie, so habe ich die Menschen Versuche machen lassen. Ich arbeitete fast jeden Abend in einem „Labor für menschliche Beziehungen" – und das 25 Jahre lang. Soweit ich weiß, ist dies das einzige Labor dieser Art auf der Welt. Wir begannen damit, weil es uns ganz natürlich erschien, und nicht, weil wir einen besonderen Einfall hatten."

Als bessere zwischenmenschliche Beziehungen das Kursziel waren und das Reden nur als ein Mittel zum Erreichen dieses Zieles angesehen wurde, schrieb Carnegie ein Textbuch. Darin verband er das erarbeitete Material mit den aus den Gesprächen mit Kursteilnehmern angewandten Empfehlungen. Der Text war zunächst nur für Kursteilnehmer gedacht.

Damals besuchte Leon Shimkin einen Kurs. Er war leitender Angestellter des New Yorker Verlages Simon & Schuster. Shimkin überredete Carnegie, dieses Material in seinem Verlag drucken zu lassen, weil er so begeistert davon war.

Als das Buch *Wie man Freunde gewinnt* herauskam, war es für den sogenannten Mann auf der Straße geschrieben worden. Damals hatte man noch nicht erkannt, daß Menschen aller Altersgruppen, aus allen sozialen Schichten und Berufen Schwierigkeiten mit dem Leben und ihren Mitmenschen haben. Eine zwei Jahre umfassende Umfrage der Universität Chicago, der Amerikanischen Vereinigung der Erwachsenenbildung und des CVJM bestätigte Carnegies Ansichten kurz nach dem Erscheinen seines Buches. Die Umfrage ergab, daß Menschen zuerst an ihrer Gesundheit interessiert sind und an zweiter Stelle an sozialen Fähigkeiten, die ihnen helfen, voranzukommen und andere Menschen zu beeinflussen.

Carnegie glaubte nicht, daß sich das Buch gut verkaufen ließe. Er sah darin hauptsächlich ein Unterrichtsbuch und rechnete mit einem Verkauf von höchstens 5000 Exemplaren der ersten Auflage im Oktober 1936 zum Preis von 1,98 $. Zunächst wurde das Buch von der Kritik und dem Publikum ignoriert, obwohl eine direkte Werbekampagne des Herausgebers bei Managern auf hervorragende Resonanz stieß. Im Dezember begannen die Verkaufsziffern zu steigen. Bald wurden 5000 Exemplare pro Tag verkauft, und das zwei Jahre lang. Absolventen erstanden es für sich und ihre Freunde. Firmen kauften hunderte und teilten sie an ihre Mitarbeiter aus. Neue Verkaufsrekorde wurden aufgestellt: Innerhalb eines Jahres mehr als eine halbe Million Exemplare, damals ein Rekord für ein Sachbuch.

Zu dieser Zeit war Carnegie gerade auf einer Europareise. Begeisterte Briefe und Telegramme hielten ihn auf dem laufenden. Überwältigt kehrte er in die USA zurück. Über Nacht war er berühmt geworden. In sechs Monaten hatte er 125.000 $ verdient und wurde um Vorträge, Radiosendungen und Artikel gebeten. Sein erster Scheck von Simon & Schuster war über 90.000 $ ausgestellt. Seine Sekretärin Abigail Connell erinnert sich, daß er ihn einige Tage in seinem Schreibtisch aufbewahrte. Er wußte nicht, was er damit anfangen sollte.

Jahrelang hielten die Verkäufe an. Und immer noch wird das Buch gebunden und als Taschenbuch verkauft. Eltern schenken es ihren studierenden Kindern, Geschäftsführer ihren Vertretern, sogar Politiker geben es ihren Wählern. Einige Kongreßabgeordnete überreichen es regelmäßig allen jungen High School Absolventen ihres Bezirks als Wegweiser zu einem glücklicheren und erfolgreicheren Leben. Publikationen über Persönlichkeitsentfaltung und Erfolgsmotivation nehmen das Buch immer noch in ihre Literaturempfehlungen auf. Dozenten, Pfarrer und leitende Angestellte weisen in ihren Reden auf dieses Buch hin.

Beispiele, Erläuterungen und Empfehlungen aus *Wie man Freunde gewinnt* wurden von Politikern, Geschäftsleuten und anderen zitiert, oft ohne daß diese sich der Quelle bewußt waren. Dale Carnegie hätte das bestimmt gefallen. Er glaubte, daß seine Arbeit zwar nicht einmalig, wohl aber eine Synthese der Gedanken großer Philosophen aller Zeiten sei.

Das Buch hat ihn und seine Ideen weltberühmt gemacht. Paul Sanche, Lizenzträger der Kurse in Mexiko, berichtet, daß der Name Dale Carnegie sogar in entlegenen Dörfern dieses Landes bekannt und geachtet ist.

Selbst Papst Johannes Paul I. zitierte Dale Carnegie in der ersten öffentlichen Audienz seiner kurzen Amtszeit. Er erwähnte Carnegies Bericht über eine Hausfrau, deren Familie ihr nie für das Essen und ihre Hausarbeit gedankt hatte. Als die Frau es leid war, tat sie schließlich Stroh auf die Teller. „Es sind nicht immer die großen Dinge, die den Unterschied ausmachen, oft sind es die kleinen", sagte der Papst.

1944 heiratete Carnegie Dorothy Price Vanderpool. Er lernte sie nach einem Vortrag in Tulsa, ihrer Heimatstadt in Oklahoma, kennen. Sie war eine Bekannte des dortigen Lizenzträgers Everett Pope und hatte in Tulsa den Kurs besucht. Nachdem Dale und Dorothy einige Monate miteinander korrespondiert hatten, lud er sie Anfang 1944 nach New York ein, um als seine Sekretärin zu arbeiten. Es folgte eine turbulente Zeit, in der Dorothy nach einer Auseinandersetzung mit Carnegie ihre Koffer zu packen begann. Aber mit seinem „Wie-man-Freunde-gewinnt-Charme" überredete er sie zu bleiben, schließlich heirateten sie am 5. November 1944.

Die frischgebackene Mrs. Carnegie entdeckte ihre verborgenen Talente, begleitete ihren Mann auf vielen Reisen und übernahm administrative Arbeiten der Carnegie Gesellschaft. Sie half mit bei der Entwicklung der Kurse und schrieb 1953 ihr erstes Buch *How to Get Your Husband Get Ahead in His Social and Business Life*, das in 20 Sprachen übersetzt wurde. 1958 verfaßte sie das Buch *Don't Grow Old – Grow Up! (Das Leben meistern).* Das einzige Kind der Carnegies, Donna Dale, wurde 1951 geboren. Selbstverständlich war Carnegie begeistert, er wurde ein liebevoller Vater.

Manche Leute, die kamen, um Dale Carnegie reden zu hören, hatten einen dynamischen, wortgewaltigen Redner erwartet. Möglicherweise waren sie zunächst enttäuscht, denn er sprach sehr einfach. Aber seine Hörer fühlten sich direkt angesprochen durch seine eindringliche und kraftvolle Art. Er konnte beispielsweise die Hände ringen, um etwas zu unterstreichen oder mit geballter Faust auf das Rednerpult schlagen. Das waren keine einstudierten Gesten, sie waren bei diesem Mann genauso natürlich wie seine Worte. Seine Reden wirkten spontan. Manchmal benutzte er Notizen, am liebsten machte er sich Stichworte, um den roten Faden nicht zu verlieren. Wie in seinen Büchern illustrierte er seine Botschaft mit Beispielen.

In seinem persönlichen Leben war er ein bescheidener Mensch. Nie verlor er ganz die für Farmleute typische Einfachheit. Sein langjähriger Mitarbeiter Bill Stover schrieb in einem Artikel in *Success Unlimited*: „Eigentlich war Carnegie schüchtern, oft unsicher und eher bereit, sich schlecht als gut darzustellen. Er war sehr emotional, unstet und dramatisch veranlagt, leicht zu überzeugen und viel zu gutmütig und gutgläubig. Hatte man ihn erst einmal kennengelernt, war er warmherzig und freundlich, ein integrer Mann mit festen Ansichten, viel Energie und einer ansteckenden Begeisterung.*

Sein guter Freund und Reisebegleiter Harold Abbott nannte Carnegie „einen Mann mit großen Fähigkeiten und noch größerer Bescheidenheit. Obwohl er eine bekannte Persönlichkeit war, hielt er sich nie für einen bedeutenden Menschen. Er lehnte die meisten Einladungen ab und sagte: ‚Die Leute halten mich für einen Übermenschen, und wenn sie mich kennenlernen, finden sie, daß ich eigentlich wie jeder andere bin, und keine dynamische Persönlichkeit. Dann sind sie enttäuscht. Ich spüre das, und es bringt mich in Verlegenheit.'"

Sein Nachbar in Forest Hills, Paul Werner, jetzt Lizenzträger in England, stimmt mit Abbott überein: „Er hielt sich nicht für etwas Besseres, war eher sensibel. Er identifizierte sich mit einfachen Menschen und konnte sich mit jedem auf seinem Niveau unterhalten." Werners Frau züchtete Pudel. Als Dale und Dorothy einmal die Werners besuchten, war Dale nach einer Weile verschwunden. Sie fanden ihn, wie er mit den Kindern der Werners und den Welpen spielte. Er war in das Gespräch mit den Kindern genauso vertieft, als ob er sich mit Erwachsenen unterhalten hätte.

Norman Vincent Peale, dessen Arbeit als Geistlicher, Autor und Redner Carnegies Arbeit sehr ähnlich und der sein Bewunderer und Freund war, lud ihn als ersten Laien ein, in der Marble Collegiate Kirche zu predigen. „Carnegie sprach über seine Kindheit und erzählte, daß sie manchmal kaum etwas zu essen gehabt hätten. Aber seine Mutter hatte sich deswegen nicht zersorgt, sondern oft gesagt: ‚Habt keine Angst, der Herr wird uns versorgen. Wir haben ihn lieb und er liebt uns. Er wird uns

* W.H.M. (Bill) Stover, *Dale Carnegie: The Man Behind the Legend*, Success Unlimited 23 (1976)

schon nicht verhungern lassen!' Als Carnegie hierüber sprach, unterbrach er sich plötzlich, es herrschte Totenstille. Ich konnte sehen, daß es ihm die Kehle zuschnürte, und es dauerte eine Weile, bis er weitersprechen konnte. Seine Predigt war wirklich der persönliche Ausdruck seines Glaubens."

Dale Carnegie hat Menschen aus allen Schichten und Ländern beeinflußt. Dr. Pendse, Biologieprofessor der Polytechnischen Universität Kalifornien, las das Buch *Wie man Freunde gewinnt* mit 14 Jahren in Indien. Er schrieb an Carnegie, wie beeindruckt er war und bat ihn um eine Lebensregel, an die er sich halten könne. Dale Carnegies Antwort lautete: „Wo immer Du eine Distel entdeckst, ziehe sie heraus und pflanze eine Blume." Dr. Pendse besitzt diesen Brief noch heute und ist sehr stolz darauf. Sein Leben wurde von Carnegies Philosophie geprägt, und er leitet seine Studenten an, Carnegies Bücher zu lesen und seine Kurse zu besuchen. In der Zeitschrift *New Yorker* erschien ein Bericht über Bernard Meltzer, einen Geschäftsmann, der sich aus der Armut zum Millionär hochgearbeitet hatte, seinen Beruf wechselte und ein beliebter Kommentator und Ratgeber eines New Yorker Radiosenders wurde. Er berichtete: „Das Buch, das mein Leben wirklich verändert hat, war *Wie man Freunde gewinnt* von Dale Carnegie. Ich habe es immer und immer wieder gelesen und sogar auswendig gelernt. Täglich versuchte ich, ein Kapitel in die Tat umzusetzen – und es hat funktioniert!"*

Bill Stover wußte, daß Carnegie – wie die meisten begabten Menschen – launenhaft war, schnell gereizt, aber auch bald versöhnt und immer bereit, sich zu ändern, wenn er seine eigenen Regeln gebrochen hatte, z.B. „Wenn Sie Unrecht haben, geben Sie es schnell und nach-

* James Stevenson, *Profile – Bernard Meltzer* The New Yorker 1978

drücklich zu", lautete eine seiner Empfehlungen, und er hielt sich daran. „Ich versuche, nicht zu viele Fehler zu machen. Wenn es aber doch geschieht, ist es meist ein Prachtexemplar von einem Fehler. Sollte es mir während des Schreibens passieren, hebe ich ihn in meiner Fehlersammlung auf. Und wenn ich anfange, eingebildet zu sein, lese ich mir laut aus diesem Ordner vor, bis ich wieder mit den Füßen auf der Erde bin."

Stover berichtet weiter, daß Carnegies wichtigste Charaktereigenschaft und vielleicht das wirkliche Geheimnis seines Erfolgs die ansteckende Begeisterungsfähigkeit war: „Er quoll über vor Begeisterung und riß die anderen mit."

Am 1. November 1955 starb Dale Carnegie, einige Wochen vor seinem 67. Geburtstag. Die Trauerfeier fand in Forest Hills statt, aber sein Grab ist in Missouri bei seinen Eltern.

Folgender Nachruf erschien am 3. November 1955 in einer Washingtoner Zeitung:

„Zyniker haben oft spekuliert, wie das Leben aussähe, wenn alle Menschen nach Dale Carnegies Empfehlungen lebten. Dale Carnegie, der am Dienstag gestorben ist, hat sich nie um diese Sticheleien gekümmert. Er wußte, was er tat, und er tat es erstaunlich gut. In seinen Büchern und Kursen lehrte er den Durchschnittsbürger, seine Minderwertigkeitsgefühle zu überwinden, wirkungsvoll zu reden und – wie es sein berühmtestes Buch ausdrückt – Freunde zu gewinnen und Menschen zu beeinflussen.

Millionen sind von seiner Philosophie des gesunden Menschenverstandes beeinflußt worden, die so alt ist wie die Zivilisation und so einfach wie die Zehn Gebote, die aber in diesen hektischen Zeiten eine wertvolle Hilfe zu Glück und Erfolg bietet.

Dale Carnegie hat keins der Rätsel des Universums

gelöst. Aber vielleicht hat er mehr als irgend ein anderer seiner Generation dazu beigetragen, den Menschen zu zeigen, wie sie miteinander auskommen können – und das scheint doch das wichtigste zu sein.“

3

Selbstvertrauen gewinnen

Wenn Sie mutiger werden wollen, tun Sie das, wovor Sie Angst haben, und zwar solange, bis Sie einigemale erfolgreich waren. Das ist der schnellste und sicherste Weg, um Furcht zu überwinden.

Dale Carnegie

Leo Callahan, der neue Polizeichef in Fort Lauterdale, war als Polizist sehr mutig, hatte aber große Angst, vor anderen zu sprechen. Kriminelle mit vorgehaltener Pistole zu verhaften, machte ihm keine Schwierigkeiten. Aber wenn er vor mehreren Menschen aufstehen und etwas sagen sollte, „drehte sich ihm der Magen um", wie er zugab. Nach dem Dale Carnegie Training hatte Callahan genug Selbstvertrauen, um öffentliche Reden zu halten. Er glaubt, dies habe entscheidend zu seiner Beförderung beigetragen.

Wichtigstes Ziel des Dale Carnegie Trainings ist der Aufbau von Selbstvertrauen. Die meisten Teilnehmer berichten, daß der Gewinn eines gesunden Selbstvertrauens ihr größter Nutzen aus dem Kurs war.

Wie wird dieses Ziel erreicht? Indem alle Kursteilnehmer mindestens einmal pro Abend vor verständnisvollen Zuhörern sprechen, entwickeln sie das nötige Selbstvertrauen, um ihre Furcht zu überwinden.

Dale Carnegie sah dieses Training als ein Mittel zum Abbau von Furcht und Aufbau von Selbstvertrauen: „Nehmen Sie es als einen Kurs in zwischenmenschlichen Beziehungen oder als eine neue Lebensweise, denn das ist es oft. Wenn jemand seine Furcht bannt und Selbstvertrauen entwickelt, erweitert er seinen Horizont."

Carnegie erkannte, daß Anfänger oft eher von den Aussagen der Absolventen als von den Vorträgen der Kursleiter angesprochen und ermutigt werden. Deshalb empfahl er, Absolventen einzuladen, damit sie vor neuen Teilnehmern berichten, wie sie ihre Ängste überwunden haben und sich darüber freuen, jetzt von ihren Erfahrungen berichten zu können. Außerdem sollten sie sagen, wie das gewonnene Selbstvertrauen ihr körperliches und geistiges Wohlergehen gefördert und ihnen bei ihrer Arbeit und im Privatleben geholfen hat.

Stets wies Carnegie seine Kursleiter darauf hin, es sei ihre Verantwortung, „Furcht zu überwinden und Gelassenheit, Mut und Selbstvertrauen zu entwickeln". Er sagte: „Wir haben herausgefunden, daß der sicherste und schnellste Weg zu mehr Mut und Selbstvertrauen im Alltag darin besteht, diese Eigenschaften durch das Reden vor der Gruppe zu fördern."

„Wenn man Akzent, Grammatik, Stimme oder Gestik kritisiert, steigert man lediglich die Befangenheit eines Redners, statt sie abzubauen. Deshalb kritisieren wir diese Aspekte der Rede nicht im ersten Teil des Kurses. Man kann einem Menschen zu mehr Mut und Selbstvertrauen verhelfen, wenn man ihm das Gefühl gibt, eine Aufgabe gelöst zu haben."

Mary Willis besuchte den Kurs in New York. Sie war blind und mußte mit ihrem Blindenhund zu den Kursabenden kommen. Die ersten Male hatte sie Angst, vor die Gruppe zu treten und eine Rede zu halten. Teilnehmer und Kursleiter bahnten ihr daher stets einen Weg, um ihr zu helfen, diese Angst zu überwinden. In den nächsten Wochen nahm ihre Angst sichtlich ab, und schon bald beklagte sie sich, daß man sie zu vorsichtig behandele. Einen Abend mußte sie versäumen und holte ihn in einem Parallelkurs nach. Mutig hielt sie eine Rede vor der unbekannten Gruppe. In ihrer Abschlußrede hob sie hervor, daß sie nun genug Selbstvertrauen habe, um ihre Stellung zu kündigen und sich eine neue zu suchen, die ihr ein größeres Gehalt und mehr Befriedigung einbrächte. Daraufhin schrieben ihr die anderen Teilnehmer ein begeistertes Empfehlungsschreiben für zukünftige Arbeitgeber.

Dieser Mut ist es, auf den das gesamte Carnegie Programm aufbaut, und der Ziel jeder Trainingsstunde ist. Carnegie zitierte berühmte Filmstars, Sänger und Politiker, die zugaben, daß sie manchmal in ihrem Leben nicht genug Mut hatten. Er erzählte, wie sie ihre Ängste überwanden und fähig wurden, ihre Schwierigkeiten zu meistern.

Ein paar Jahre vor seinem Tode hielt Dale Carnegie eine Rede in Milwaukee, in der er dieses Konzept zusammenfaßte: „Ich würde meinen Kindern lieber Selbstvertrauen und Mut vererben als eine Million Dollar."

Oft wurde Carnegie gefragt: „Gibt es einen besseren Weg zu größerem Selbstvertrauen als durch freies Reden?" In einer Radioansprache gab er hierzu folgenden Rat: „Es ist sicher: Man kann Mut nicht kaufen. Er muß genauso entwickelt werden wie unsere Armmuskeln. Sie wissen, daß Sie nicht zu einem Trainer gehen und einen starken Arm kaufen können, auch wenn Sie so reich sind wie Rockefeller. Aber durch Sport oder Holzhacken können Sie ihn kräftigen. Ebenso können Sie auch Mut entwickeln, indem Sie ihn einsetzen. Fangen Sie deshalb morgen an, etwas zu tun, wovor Sie Angst haben.

Emerson hat gesagt: ‚Tu das, wovor du Angst hast, und die Angst stirbt todsicher.' Durch Herumsitzen und Nichtstun kann man nie Mut entwickeln. Er entsteht durch Taten. Nehmen Sie zum Beispiel mich: Ich habe Angst, von einem Zweimeterbrett ins Wasser zu springen. Warum habe ich Angst davor? Weil ich es nie getan habe. Wenn ich mich aber zwingen und es immer wieder tun würde, bis ich eine Anzahl erfolgreicher Erfahrungen gemacht habe, hätte ich bald den Mut, auch von einem Fünfmeterbrett zu springen.

Stellen Sie sich vor, Sie kennten jemand, den Sie nicht gern besuchen. Nun, dann gehen Sie morgen zu ihm. Tun Sie das, wovor Sie Angst haben. Vielleicht müssen Sie ein halbes Dutzend mal um sein Haus herumgehen. Wenn Sie aber erst einmal dort sind, werden Sie erfahren, daß es nicht so schlimm ist, wie Sie annahmen."

Dale Carnegies Mitarbeiter der ganzen Welt berichten von zahllosen Erlebnissen, die die Richtigkeit seiner Worte beweisen. Besonders dramatisch ist, was Maud Danziger aus Kapstadt erlebte. Ihr Kursleiter Robert E. Hopkins berichtet:*

„Maud hatte als Hausfrau zwischen sich und der Außenwelt solch eine Mauer aufgebaut, daß sie in den letzten fünf Jahren nie freiwillig ihr Haus verlassen hatte. Sie ging nicht einmal zum Gemüsewagen, der vor ihrer Gartentür hielt. Ihr Mann mußte die Einkäufe machen, die sie nicht telefonisch erledigen konnte. Als Maler die Außenwände ihrer Hauses streichen wollten, ließ sie sie lieber eine falsche Farbe benutzen, als hinauszugehen und es ihnen zu sagen.

Eines Abends war es ihrem Mann gelungen, sie zum Besuch eines Dale Carnegie Informationsabends zu überreden. Dabei gewann sie einen Preis und mußte dreimal aufgerufen werden, ehe sie ihn in Empfang nahm. Sie sah so verängstigt aus, wie ich es noch bei keinem Menschen gesehen hatte. Aber sie meldete sich zum Kurs an. Nach dem ersten Abend war sie so nervös, daß sie die ganze Nacht wachlag und zitterte. Nach drei Wochen stellte sie fest, daß dieser Kurs das Aufregendste und Ermutigendste war, was sie je erlebt hatte. Er befreite sie aus ihrer engen Welt, in die sie sich zurückgezogen hatte. Ihr Leben war plötzlich reizvoll geworden. Nach Beendi-

* William Longgood, *Talking Your Way to Success*, New York, Association Press, 1962

gung des Kurses wurde sie Assistentin des Kursleiters. Die Südafrikanische Rundfunkgesellschaft engagierte sie für drei Sendungen ihrer Frauenstunde, in der sie ihre Geschichte erzählte. Sie nannte es ‚das Wunder'".

Nicht weniger wunderbar muten Geschichten von Geschäftsleuten an, deren Leben und Karriere sich änderte, weil sie mehr Selbstvertrauen gewannen: Bill Murray war leitender Angestellter einer Baufirma in Arizona. Er konnte Entscheidungen über Tausende von Dollar treffen, hatte aber Angst, auch nur einen Brief vor einer Gruppe von Menschen zu lesen, weil seine Hände zitterten. Jahrelang bezahlte er jemand, der seine Weihnachtsansprache las. Er konnte nach dem Training nicht nur die Rede selbst halten, er wurde sogar ein führender Sprecher der Firma und der gesamten Bauindustrie.

Ein weiterer Geschäftsmann, dessen Karriere durch das Carnegie Training einen anderen Verlauf nahm, war John A. Abom, Präsident der Analytic Plastics Co. in Bristol. Er berichtet: „Als ich den Dale Carnegie Kurs besuchte, war ich Ingenieur für Gußtechnik in der Kunststoffabteilung von Rohm & Haas. Regelmäßig besuchten uns Vertreter großer Firmen, wie Ford und General Motors, die unsere Produkte benutzten. Etwa ein Dutzend von uns nahmen an einem dreitägigen Seminar teil. Ich war für das Programm zuständig und mußte über neue Gußtechniken sprechen. Ich haßte das und hatte stets ein flaues Gefühl in der Magengegend. Zuerst schaute ich auf die Tafel, dann starrte ich auf den Boden. Nach zwei Worten schien es, als seien die Zuhörer eingeschlafen.

Ein Kollege schlug mir den Dale Carnegie Kurs vor. Nach einigen Abenden nahm meine Sicherheit zu. Bald konnte ich es schon nicht mehr erwarten, die neuen Methoden auszuprobieren. Wenn ich meine Zuhörer froh stimmen wollte, gelang es mir, und wenn ich sie traurig stimmen wollte, bewirkte ich auch das. Mein Selbstvertrauen half mir, vor den Menschen zu sprechen, die ich früher gefürchtet hatte. Kein Trick und keine Redetechnik haben mir das gebracht, lediglich meine neugewonnene Selbstsicherheit. Und was noch wichtiger ist: Ich überwand meine Schüchternheit, wurde Verkäufer und konnte schließlich mein eigenes Geschäft eröffnen."

Dies Bedürfnis nach größerer Selbstsicherheit haben besonders verwitwete Frauen. Oft hatte sich ihr ganzes Leben um den Mann gedreht. Ihr Zustand ist besonders schlimm durch ihre Unfähigkeit, die Zukunft selbst in die Hand zu nehmen. Der Mut und die Unabhängigkeit, die sie dadurch erlangen, daß sie vor den Kursteilnehmern sprechen und deren Unterstützung erfahren, hilft diesen Frauen, in ihrem Leben wieder einen Sinn zu erkennen.

Hazel Lawson aus Michigan versuchte, den Schock über den Tod ihres Mannes durch Reisen zu überwinden. Sie besuchte das Heilige Land, Südamerika, Afrika, Indien und die UdSSR, und später reiste sie zweimal um die ganze Welt. Danach wurde sie gebeten, von ihren Reisen zu erzählen. Frau Lawson sagt dazu: „Ich bin Akademikerin und hatte Kurse in Rhetorik besucht, aber riesige Angst, vor Menschen zu sprechen. Ich wußte, daß ich die Zuhörer langweilen würde, wenn ich nur meine Dias zeigen und nicht auch das Originelle jedes Ortes beschreiben würde. Der Dale Carnegie Kurs hat mir bei meinen Problemen geholfen."

Frau Lawson hat ihre Berichte auf eine ungewöhnliche Art illustriert: „Ich kleidete mich in einheimische Gewänder: bei der Beschreibung meiner Reise nach Südamerika wie eine Indianerfrau mit einem Bündel Wäsche auf dem Kopf und einer großen Babypuppe auf dem Rücken, trug Schals und Schmuck; manchmal hatte ich

Blasrohre und vergiftete Pfeile in der Hand, ein andermal einen Schrumpfkopf."

Sie war so erfolgreich, daß sie eine vielgesuchte Rednerin wurde. Außerdem gewann sie soviel Selbstvertrauen, daß sie die Geschäfte ihres verstorbenen Mannes weiterführen konnte. Weil sie ihren Erfolg Dale Carnegie verdankt, wollte sie auch anderen helfen, Selbstvertrauen zu gewinnen. Sie beobachtete, wie viele junge Pfarrer nach der Ausbildung unsicher vor ihren Gemeinden waren. Um ihnen zu helfen, finanzierte Frau Lawson ihnen einen Dale Carnegie Kurs, an dem sie sich mit einem geringen Betrag beteiligen mußten. Auf diese Weise haben 28 junge Theologen am Training teilgenommen. Frau Lawsons Begeisterung für Dale Carnegie ist es auch zu verdanken, daß sich 150 weitere Teilnehmer anmeldeten.

Dale Carnegie war davon überzeugt, daß Angst durch Sprechen vor einer Gruppe überwunden werden kann: „Es ist unwichtig, welche Fehler ein Redner macht, selbst wenn er so verängstigt ist, daß er nur einen halben Satz herausbringt. Man muß diesen Menschen beglückwünschen, denn es braucht viel Mut, um das zu tun, was nicht einer unter tausend wagt: Den wichtigsten Menschen der Welt zu verändern, nämlich sich selbst."

Dieses Training ist vielleicht die beste Methode, Angst zu bekämpfen und Mut und Selbstvertrauen zu entwikkeln. Warum? Wer die Angst vor dem freien Sprechen verloren hat, hat auch die Angst vor sich, den anderen und dem Leben überwunden. Man bekommt ein ganz neues Selbstbild und spürt den Mut, Dinge in Angriff zu nehmen und zu vollenden, die man nie für möglich gehalten hatte.

Der erste Schritt dazu ist die Änderung unserer Einstellung zu dem, wovor wir Angst haben. Marc Aurel sagte: „Unser Leben ist, was unsere Gedanken daraus machen."

Dale Carnegie und seine Mitarbeiter lasen über das Leben großer Menschen aller Zeiten. Carnegie selbst interviewte viele Prominente, die Hindernisse überwunden hatten, um ihre Ziele zu erreichen. Eddie Rickenbacker, Franklin und Eleanor Roosevelt, Charles Schwab, Marconi, Helen Keller und viele andere bestätigten, daß sein Konzept zur Problemlösung ihnen Kraft und Ausdauer verliehen hatte.

Vash Young hatte sich aus Armut und Anonymität hochgearbeitet und es zu Reichtum und Berühmtheit gebracht. In einem Radiointerview erzählte er Dale Carnegie seine Geschichte. Damals war er einer der erfolgreichsten Versicherungsagenten der Vereinigten Staaten und einer der höchstbezahlten Verkäufer der Welt. Er hatte fünf Bücher geschrieben, von denen vier Bestseller wurden.

Young berichtete, wie arm und unwissend er gewesen war. Er hatte vorgehabt, aus dem Fenster zu springen: „Ich versuchte, mir mit einer Flasche Whisky Mut anzutrinken. Aber weil ich zuviel trank, vergaß ich zu springen und wachte am nächsten Morgen in einem traurigen Zustand auf." Das brachte ihn dazu, sein Leben neu zu überdenken: „Du Dummkopf! Stell dir vor, du besitzt eine Fabrik für Vanilleeis und merkst, daß sie stattdessen Schwefelsäure herstellt. Würdest du nicht etwas dagegen tun? Du hast eine Denkfabrik und kannst über sie bestimmen. Aber tust du das? Nein, du läßt sie verrückt spielen. Sie produziert Schrott. Sie stellt Angst, Neid, Wut, Selbstmitleid, Traurigkeit, Unzufriedenheit und Armut her. – Ja, ich war mein eigener Feind gewesen und mußte nun mein Freund werden. Ich bemerkte plötzlich, daß ich mit meinem Denken auch mein Leben ändern konnte. Ich hielt mich an das Bibelwort: ‚Wie ein Mensch in seinem Herzen denkt, so ist er.'"

Wenn die richtige Einstellung zu vermehrtem Selbstvertrauen führt, wird daraus eine neue Lebensweise. Dale Carnegie sprach darüber in seinen Büchern, öffentlichen Reden, Privatgesprächen und in seinen Kursen: „Wenn wir wirklich an uns arbeiten wollen, müssen wir unsere Gewohnheiten ändern. Denn unser Leben und unser Charakter sind lediglich die Summe unserer Gewohnheiten, und unsere Gewohnheiten sind wir selbst."

Häufig zitierte Carnegie vier Ratschläge für neue und erstrebenswerte Gewohnheiten von William James:

1. Beginnen Sie mit aller Begeisterung, derer Sie fähig sind! – Wenn es darum ging, neue Gewohnheiten zu entwickeln, war wohl niemand besser als Benjamin Franklin. Schon früh erstellte er eine Liste mit dreizehn Eigenschaften, die er kultivieren wollte. Er nannte sie die „dreizehn Tugenden". Pro Woche konzentrierte er sich auf eine von ihnen, bis er an allen dreizehn gearbeitet hatte. Dann begann er wieder von neuem. Er entdeckte, daß Gewohnheiten durch Wiederholung entstehen; auch Wiederholen ist eine Gewohnheit.

Die meisten Menschen haben von Zeit zu Zeit gute Vorsätze, aber sie vergessen sie wieder. Franklin nicht. Er schmiedete das Eisen, solange es durch die Begeisterung noch heiß war. Und er blieb dabei, tagein und tagaus. Weil er Freude daran hatte, ließ er seine Begeisterung nie abkühlen. – Wollen Sie also neue Gewohnheiten aufbauen, beginnen Sie mit aller Begeisterung, derer sie fähig sind! Vielleicht wird Ihre Gesundheit verbessert, Sie werden beliebter, bekommen mehr Geld oder Selbstachtung. Machen Sie sich immer wieder die Bedeutung dieser neuen Gewohnheit klar!

2. Nutzen Sie jede Gelegenheit, Ihre neuen guten Vorsätze in die Tat umzusetzen! – Ich kannte einen Mann

mit Namen William Steinhardt. Er wirkte ziemlich deprimiert. Nachdem ich aber lange mit ihm über den Wert des Lächelns gesprochen hatte, entschloß er sich, es zu lernen. Schon am nächsten Morgen begann er damit. Er begrüßte seine Frau beim Frühstück mit einem freundlichen „Guten Morgen, Liebling!" Fast wäre sie in Ohnmacht gefallen. Aber er erklärte ihr, daß sie von jetzt an immer ein Lächeln zum Frühstück erwarten könne. Und an diesem Morgen lächelte er alle an, die er traf: den Liftboy, den Portier, seine Kollegen, die ihn noch nie hatten lächeln sehen. Heute ist er einer der freundlichsten Menschen, die ich kenne.

3. Spielen Sie nicht mit dem Gedanken, gelegentliches Versagen schade nicht. – Seien Sie nicht wie Rip van Winkle. Jedesmal, wenn er betrunken war, sagte er: „Einmal ist keinmal!" William James lehrt: Wenn Sie einen Fehler machen, ist es, als ob Sie eine Rolle fallenlassen, auf die Sie gerade mühsam Schnur gewickelt haben. Jeder Fehler wickelt viele Runden Schnur ab.

Freiberufliche Schriftsteller wissen, wie wichtig es ist, keine Ausnahmen zu machen. Jack London hatte es sich zur Gewohnheit gemacht, täglich tausend Worte zu schreiben. Mary Roberts Rinehart erzählte mir, daß sie täglich fünfhundert Worte schreibt, wenn auch nur in ihr Tagebuch.

4. Brechen Sie die Brücken hinter sich ab! – Das tat Julius Caesar, nachdem er den Kanal überquert hatte und mit seiner Armee im heutigen England gelandet war. Er steckte seine Schiffe in Brand, als seine Soldaten von den Klippen aus zusahen. So erkannten sie, daß es in Feindesland kein Zurück gibt. Es blieb ihnen nichts anderes übrig, als das Land zu erobern, und das taten sie.

Wenn wir uns also eine neue Gewohnheit aneignen wollen, sollten wir Caesars Rat annehmen und uns jede Umkehr unmöglich machen.

Der Präsident einer großen Gummifirma rief mich einmal an. Er wollte lernen, frei zu sprechen und an einem New Yorker Kurs teilnehmen. Aber er bekam Angst und meldete sich nicht an. Letzten Herbst machte er einen neuen Versuch. Er erzählte allen Bekannten, daß er jeden Montagabend nach New York fahren und einen Kurs für freie Rede besuchen würde. Also mußte er einfach nach New York kommen, oder man hätte ihn ausgelacht. So brach er die Brücken hinter sich ab und machte eine Umkehr unmöglich.

Wie werden diese Konzepte im Kurs angewandt? Durch Kommentare der Kursleiter und anderen Teilnehmer gibt es ständige Ermutigung. Das trägt mehr zur Entwicklung von Selbstvertrauen bei als Vorträge, Bücher oder Gespräche. Weitere Unterstützung erfährt der Lernende durch Preise für seine Berichte. Darin schildert er Situationen, in denen er Carnegies Empfehlungen für zwischenmenschliche Beziehungen anwandte oder Selbstvertrauen entwickelte.

Mike Evans absolvierte das Training in Chicago, weil er mehr Selbstsicherheit brauchte, um mit seinem Chef zu sprechen. Er benutzte seinen neu gewonnenen Mut und zeigte dem Chef seinen im Kurs gewonnenen Preis. Sein Chef war so stolz auf ihn, daß er sich diesen Preis auslieh und vier Wochen behielt, um ihn anderen zu zeigen.

Jeder der ersten Kursabende soll das Selbstvertrauen der Teilnehmer stärken. Den Höhepunkt bildet ein sehr lebendiger Kursteil, in dem die Redner von den anderen Teilnehmern durch Zwischenrufe aus der Fassung gebracht werden sollen. Mit Worten und umso kräftigerer Stimme sowie energischen Gesten behaupten sich die Redner und werden dadurch in ihrem Selbstvertrauen bestärkt.

Es wäre schön, wenn alle Absolventen vor Mut strotzten. Das ist leider nicht der Fall, denn viele brauchen ständig Bestätigung und Unterstützung. Aber jeder Kursabend gibt den Anwesenden zusätzliches Selbstvertrauen.

Frau Staats aus Houston erzählt: „Als ich in diese Stadt kam, hatte ich keine Freunde und war sehr allein. Ich war voller Selbstmitleid und brachte nicht den Mut auf, andere kennenzulernen. Der Kurs gab mir Selbstvertrauen. In den zwei Jahren, die seitdem vergangen sind, habe ich mehr Freunde gewonnen, als in den acht Jahren vorher. Jetzt kommen die Menschen zu mir, um sich bei mir auszuweinen oder um Rat zu bitten."

Vicki Fisher aus North Carolina gewann neues Selbstbewußtsein. Ihr Bericht lautet: „Vor drei Jahren, nachdem ich gerade von meinem Chef wegen meiner Arbeit gelobt worden war, sollte ich mir ein berufliches Ziel setzen. Ich wollte Materialspezialistin werden. Seither habe ich hierüber soviel gelernt, wie ich konnte. Als die Firma die Stelle ausschrieb, sah ich meine Chance gekommen. Mein Optimismus schwand jedoch, als Bewerber von außerhalb zur Vorstellung eingeladen wurden, alles Männer mit College-Abschluß. Nach einigem Zögern bin ich zu meinem Chef gegangen und habe ihn gefragt, ob ich für die Stelle vorgesehen sei. Er verneinte mit der Begründung, er brauche eine starke Persönlichkeit für diesen Job. Ich fand, dies war kein Grund, mich auszuschließen. Am Ende des Gesprächs war ich sehr wütend, aber ich behielt die Nerven.

Je mehr ich darüber nachdachte, desto schlechter fühlte ich mich. Ich hatte wirklich viel getan, um mich für die Arbeit zu qualifizieren, und die Stelle war mir vom Leiter der Materialabteilung praktisch schon versprochen worden. Deshalb entschloß ich mich, mit dem Vorgesetzten meines Chefs zu reden. Ich erklärte ihm die Situation und warum ich mich schlecht behandelt fühlte.

Am nächsten Tag bat mich mein Chef in sein Büro. Er zitterte vor Ärger, weil ich über seinen Kopf hinweg gehandelt hatte. Aber ich blieb ruhig, weil ich mich im Recht wußte. Leider kann ich nicht berichten, daß ich die Stelle bekam. Die Firma hatte plötzlich andere Probleme. Man entschloß sich, den Posten vorerst nicht zu besetzen. Aber ich fühlte mich sehr gut, denn zum erstenmal in meinem Leben hatte ich genug Selbstbewußtsein gezeigt, um mein Recht zu vertreten. Danach zeigte mein Chef mir gegenüber mehr Respekt als vorher. Ich habe wohl gute Aussichten, die Stelle nächstesmal zu erhalten."

Die Entwicklung von Selbstvertrauen zieht sich wie ein roter Faden durch alle Dale Carnegie Kurse und ist auch die Grundlage des Verkaufstrainings. Wie können Verkäufer ohne Selbstbewußtsein andere überzeugen?

Norman Sisisky, Präsident der Pepsi Cola Bottling Co. in Virginia, ließ viele seiner Leute den Kundenbeziehungskurs besuchen. „Er hat meinen Leuten mehr Selbstvertrauen gegeben und die Fähigkeit, sich besser auszudrücken. Viele waren Fernfahrer ohne gute Schulbildung. Aber durch das neugewonnene Selbstvertrauen können sie ihre Arbeit wirkungsvoller tun. Und was noch wichtiger für uns ist: Sie können größere Verantwortung übernehmen."

Raymond Berry besuchte den Kurs, als er zweiter Trainer des Detroit Lions Fußballteams war. „Seither bin ich kein Thermometer mehr, sondern ein Thermostat. Jetzt kann ich steuern, was in mir vorgeht. Ich bin unabhängiger von dem Geschehen um mich herum." Das ist Selbstvertrauen.

Dramatisch war die Veränderung einer ganzen Stadt. Durch Anwendung von Dale Carnegies Prinzipien und die Entwicklung eines gemeinsamen Selbstvertrauens hat Poplar Bluff in Missouri eine regelrechte Wiedergeburt erlebt.

Zu Beginn der sechziger Jahre lag diese einst so lebendige Stadt mit ihren 15.000 Einwohnern fast im Sterben. Oberflächlich betrachtet, schien zwar alles in Ordnung zu sein: Die Menschen waren solide und fleißig. Die Kirchen wurden gut besucht. Wo lag das Problem? Wer genau hinsah, bemerkte die Zeichen des Verfalls: Die Häuser waren seit langem nicht repariert worden, Schulen heruntergekommen. Wegen der trostlosen Lage siedelten sich keine neuen Firmen an, und junge Leute zogen fort.

Kern des Problems war das veraltete Abwassersystem, an das nur 40 % der Einwohner Anschluß hatten. Solange sich dies nicht änderte, konnten keine neuen Wohnhäuser, Schulen oder Fabriken gebaut werden. Als die Stadtväter jedoch Anleihen für ein besseres Abwassersystem starten wollten, scheiterte ihr Versuch.

Aber es gab in dieser Stadt einige Menschen, die einen Ausweg suchten. War es möglich, daß diese verarmte Stadt wieder zu der einstigen Selbstachtung fand? Würden ihre Einwohner wieder einen Sinn in ihrem Leben sehen und Lust bekommen, den Verfall aufzuhalten und ihre Stadt wieder aufzubauen?

Interessengruppen trafen sich und fanden heraus, daß sie allein die Verantwortung für die Zukunft von Poplar Bluff trugen. Das war der entscheidende Gedanke. In zunehmendem Maße verspürten die meisten den Wunsch, die Sache in die Hand zu nehmen. Viele Faktoren trugen dazu bei, daß sich Stolz und Selbstbewußtsein wieder regten. Komitees wurden ernannt, Sondersitzungen abgehalten, Bürgerinitiativen gegründet. Für Hilfe von auswärtigen Experten fehlten die Mittel. Wenn etwas geschehen sollte, mußten sie es selbst tun. Aber wo beginnen?

Einige hatten vom Dale Carnegie Kurs gehört. Sie dachten: Wenn der Kurs das Leben so vieler Menschen, die wir kennen, verändert hat, warum kann er nicht bei unserem Problem eine Hilfe sein? Der Kiwani Klub war bereit, den Kurs anzubieten. Es war unglaublich: Innerhalb von Tagen meldeten sich zweihundert zu dem Kurs an, gewählte Stadtvertreter, Ärzte, Geschäftsleute, Hausfrauen, Abiturienten, Tankstellenbesitzer und sogar der Oberförster des Bezirks; die prominentesten Bürger nahmen daran teil. Leute, die nie vorher den Mund aufgemacht hatten, begannen ihre Meinung frei zu äußern. Ihr Selbstvertrauen und ihre Begeisterung steckten an. Nach den ersten Unterrichtsstunden, wenn in anderen Fällen die Teilnehmer anfangen, über ihr eigenes Leben zu reden, war hier das Stadtproblem Thema Nummer Eins. So entstand ein Sanierungsprogramm, dem letztlich die Unterstützung und Beteiliung aller Bürger sicher war. Bei dem gemeinsamen Planen und Arbeiten lernten Nachbarn sich kennen und verstehen, und sie erkannten ungenutzte und ungekannte Talente. Die Menschen begannen,sich mit anderen Augen zu sehen. Ihre Stadt war nicht mehr ein verlorener Winkel der Erde ohne Zukunft, sondern eine aufstrebende Stadt. „Wir fingen an, selbstbewußter zu werden und miteinander zu sprechen", erklärte ein junger Apotheker, der zu den ersten Absolventen gehörte. „Das war nicht einfach. Aber die Empfehlungen Carnegies waren genau das Richtige. Jetzt verstanden wir das Problem und taten etwas gegen unsere Verzagtheit. Zuerst sprachen wir über uns selbst, dann über die Stadt und darüber, was getan werden mußte. Und bald redeten wir darüber, wer es tun sollte."

Der Lastwagenverkäufer John West beschloß mit seinen Kollegen, daß sie zunächst einen neuen Bürgermeister wählen mußten, der hundertprozentig hinter dem neuen Programm stand. Der bisherige hatte nie etwas unternommen. Mit der Unterstützung der anderen Kursteilnehmer und durch die neugewonnene Fähigkeit, sich klar und begeistert auszudrücken, wurde er gewählt. Er startete ein Programm, das der Stadt ein neues Gesicht geben sollte. Viel mußte getan werden: Ein neues Abwassersystem, ein Elektrizitätswerk und Straßenbau.

Ein weiterer Carnegie Absolvent, Lou Snyder, war Eigentümer eines Supermarktes. Er wurde zum Vorsitzendenden des Abwasserkomitees gewählt. Er sollte die Bürger für das Projekt gewinnen. Früher war er ein ruhiger und zurückhaltender junger Mann gewesen. Jetzt ging er von Haus zu Haus und hielt öffentliche Reden, um seinen Hörern die Wichtigkeit des Projekts vor Augen zu halten. Wegen seiner mitreißenden Begeisterung und durch sein selbstbewußtes Auftreten gewann er 75% der Stimmen. Die Stadtväter wurden in Washington vorstellig und erhielten einen Zuschuß von 2,5 Millionen.

Fünfundvierzig Abgeordnete brachten ein Programm in Gang, das neue Firmen in die Stadt holen sollte. Sie sorgten dafür, daß man auf Poplar Bluff aufmerksam wurde. Private Neubauten wurden errichtet, ein modernes Krankenhaus gebaut. Kirchen sammelten eine Million Dollar. Privatunternehmen vergrößerten oder modernisierten ihre Anlagen. Eine neue Parzelle wurde mit Landhäusern behaut. Es ging bergauf!

Wodurch hat der Dale Carnegie Kurs den Menschen dieser Stadt geholfen? „Er hat mir Mut gemacht, selbstbewußt aufzutreten und meine Meinung zu vertreten", sagt Lou Snyder.

„Er hat mir gezeigt, wie ich in meiner Stadt Begeisterung entfachen konnte. Dadurch habe ich gute Ergebnisse erzielt", sagt ein anderer.

„Ich habe gelernt, wie man die Meinung anderer Menschen ändert, ohne sie zu verletzen“, war der Kommentar eines weiteren Absolventen.

„Die Wiedergeburt unserer Stadt haben wir zu einem guten Teil den zweihundert Dale Carnegie Absolventen zu verdanken“, sagt Bürgermeister John West. „Sie weckten Interesse für neue Projekte, die der ganzen Gemeinde zugute kommen. Wir sind wirklich froh, daß der Dale Carnegie Kurs bei uns in Poplar Bluff angeboten wurde!“

4

Öffentliches Reden

Gibt es einen Grund, warum Sie nicht in der Lage sein sollten, stehend genau so gut denken zu können wie sitzend? Gibt es einen Grund, warum Ihnen flau im Magen werden muß und Ihre Knie zittern, wenn Sie aufstehen und Ihre Zuhörer ansprechen? Sie werden erfahren, daß dies nicht sein muß, daß Sie durch Übung Ihre Angst verlieren und Selbstvertrauen erlangen können.

Dale Carnegie

Otto Kossuth, ein Geschäftsmann aus Michigan, berichtet: „Meinen beruflichen Erfolg verdanke ich Dale Carnegie. Zuerst arbeitete ich in der Produktion, wurde dann Betriebsleiter und schließlich Bezirksdirektor. Die oberste Geschäftsführung brauchte jemand, der die Produktion kannte und bereit war, unsere Produkte vorzustellen. Sie fragten mich, ob ich daran interessiert sei. Ehe ich den Dale Carnegie Kurs besucht hatte, hätte ich abgelehnt. Jetzt aber war ich von der Idee begeistert, Reden halten zu können und nahm an. Die Geschäftsführung übertrug mir die Vorstellung aller Produkte und die Organisation entsprechender Veranstaltungen landesweit. Ich hatte keine Schwierigkeiten und genoß jede Minute, denn die Reden im Kurs hatten mir Selbstvertrauen gegeben. Hier konnte ich die Kommunikationsmittel einsetzen, die ich mir angeeignet hatte."

Wie Otto Kossuth beginnen viele Menschen das Training, weil sie eine gewisse Abneigung oder sogar Angst vor öffentlichen Reden haben.

Schon früh erkannte Dale Carnegie: Die Überwindung von Angst ist von entscheidender Bedeutung. Auf der Universität hatte er reden müssen. Aber durch fleißiges Üben konnte er seine Angst so weit überwinden, daß er das Reden in der Öffentlichkeit wirklich genoß.

Als Dale Carnegie seine Karriere 1912 begann, war es sein Ziel, die damals so beliebte Redekunst zu beherrschen. Die meisten Kursteilnehmer wollten aber weder

Zeit noch Geld aufwenden, Stimmschulung, Rhetorikregeln oder Gesten zu lernen. Dale Carnegies Kurs war nur deshalb erfolgreich, weil er praktische Ergebnisse brachte.

„Mein erster Kurs war klein“, erinnert sich Dale Carnegie. „Ich lehrte viel von dem, was ich auf dem College gelernt hatte. Aber rasch merkte ich, daß meine Teilnehmer das weder wollten noch brauchten. Es würde auch z.B. einem Versicherungsvertreter wenig nützen, wenn er einen Shakespeare Monolog mit Pathos rezitieren kann. Ich erkannte, daß das größte Problem die Angst war, vor Menschen zu stehen und reden zu müssen. Deshalb beschloß ich, diesen Menschen ihre Angst zu nehmen, indem ich jeden Abend alle sprechen ließ, auch wenn die Rede noch so kurz war. Bald fand ich heraus, daß sie dadurch zehnmal mehr lernten, als ich ihnen beibringen konnte.“ Dale Carnegies Kursteilnehmer haben heute noch dieselben Probleme beim Reden in der Öffentlichkeit. Sie reichen von Unbehagen bis zu regelrechter Panik. Carnegie berichtet von einem Teilnehmer, der ohnmächtig wurde, als er mit seiner ersten Rede beginnen sollte. Schnell sprang Dale auf das Podium, wies auf den Liegenden und rief: „In einem Monat wird dieser Mann von hier aus eine Rede halten!“ Er behielt recht.

War die anfängliche Angst erst einmal überwunden, fürchteten die Teilnehmer sich nicht mehr vor dem Reden im Kurs und suchten von sich aus weitere Gelegenheiten dazu. Dale Carnegie berichtet von einem Mann aus der Wall Street, der bei Firmenbesprechungen zu schüchtern war, um Anträge zu unterstützen. Als er sich im Kurs vorstellen sollte, überkam ihn Panik, und er rannte hinaus. Weil er aber wirklich dringend Hilfe brauchte, kam er wieder und begann nach einigen Abenden, seine neuen Erfahrungen zu schätzen. Eines Sonntagmorgens weckte er seine Frau mit der Frage: „Wo könnte ich hier in New York heute eine Rede halten?“ Sie erinnerte ihn daran, daß bei den Treffen der Quäker jeder reden dürfe. Er ging hin. Und weil er so begeistert vom Reden war, sprach er 20 Minuten.

Welches Geheimnis steckt hinter Carnegies Erfolg? Wie kommt es, daß in seinem Training Menschen zu selbstbewußten Rednern werden, die ein paar Wochen vorher nicht einmal die Vorstellung ertragen konnten, ein paar Worte in der Öffentlichkeit sagen zu müssen?

Eine prägnante Antwort darauf steht in der Broschüre *Wirkungsvoll Reden*, die alle Kursteilnehmer erhalten: „Sprechen Sie über Dinge, über die Sie mit gutem Recht sprechen können, die Sie durch langes Studium oder eigene Erfahrung kennengelernt haben; über etwas, das Sie wissen, und wovon Sie wissen, daß Sie es wissen. Bereiten Sie sich nicht nur 10 Minuten oder 10 Stunden vor, sondern lieber 10 Wochen oder Monate, am besten Jahre! Sprechen Sie über Dinge, die Sie interessieren, und die Sie Ihren Hörern unbedingt mitteilen wollen!“

„Ein Chemieingenieur in einem meiner Kurse“, erinnert sich Dale Carnegie, „sprach über die Bedrohung durch den Kommunismus. Es war ein langweiliger Vortrag. Ich fragte ihn, warum er sich dieses Thema ausgesucht habe. ‚Ich las darüber in der Zeitung‘ antwortete er mir. ‚So hat es sich auch angehört. Sie haben nicht mehr Angst vor dem Kommunismus als vor dem Buhmann. Sie sind noch nie in Rußland gewesen. Bleiben Sie doch bei dem, was Sie kennen!‘ Später hielt er eine phantastische Rede über Schwefelsäure. Gibt es ein langweiligeres Thema? Aber für ihn war es wichtig, und darüber hinaus verstand er, es mit den Interessen seiner Hörer zu verbinden. Er zeigte uns, daß Schwefelsäure für die Herstellung vieler Gebrauchsgegenstände benötigt wird, von der Badewanne, Zahnbürste, Zeitung, Kleidung, Messer und Gabel bis hin zum Auto."

Dale Carnegie schrieb, es sei schwierig, einem Menschen beizubringen, *wie* er etwas sagen soll. „Das Beste ist, wenn er es mitteilen will. Wenn dieser Wunsch groß genug ist, geht es fast von selbst. Unsere Aufgabe im Kurs ist, diesen Mitteilungsdrang zu fördern." Das wird erreicht, indem jeder Teilnehmer inspiriert wird, mit brennendem Eifer seine Rede zu halten. Carnegie hielt sich dabei an John Dewey: „Jeder Mensch möchte vor allem bedeutend sein". Das kann jeder Kursteilnehmer erreichen, wenn er vor der Gruppe spricht. Es gibt ihm das Gefühl der Wichtigkeit. Der Kursleiter verstärkt dieses Gefühl durch ehrliche, aufrichtige Kommentare, die dem Redner weitere Sicherheit geben.

In den üblichen Rhetorikkursen wird vor allem Wert gelegt auf die richtige Ausarbeitung der Rede, Atemtechnik, Gestik, Haltung usw. Davon hält Carnegie nichts. Die Teilnehmer sollen möglichst entspannt sein. Dann kommen die Gesten ganz natürlich und spiegeln das wieder, was der Redner empfindet. Notizen werden im Kurs nicht benutzt. Alle Reden sind auf zwei Minuten begrenzt. Kritiker meinten, zweiminütige Reden seien keine wirkliche Vorbereitung auf längere Vorträge. Aber eine längere Rede ist in Wirklichkeit nur eine Reihe von kürzeren Reden.

Bei der Vorbereitung der Rede soll diese nie aufgeschrieben werden, denn geschriebene Sprache wirkt künstlich. Im Carnegie Training gilt: Wer seine Rede auswendig lernt, kann sie leicht vergessen, oder er wird mechanisch sprechen. Für längere Vorträge empfiehlt Carnegie Notizen, damit die Hauptpunkte in der richtigen Reihenfolge angesprochen werden. Wird eine Rede aber abgelesen oder auswendig hergesagt, verliert sie ihre Frische. Anfänglich versuchen immer einige Teilnehmer, mit auswendig gelernten Reden durchzukommen. John Spindler hielt einmal eine Rede, bei der Dale Carnegie anwesend war. John erinnert sich: „Kaum hatte ich einen Satz gesagt, als Carnegie abwinkte. Er bat mich, auf meinen Platz zu gehen und über ein Erlebnis nachzudenken, das mich so tief beeindruckt hatte, daß ich es auch im Schlaf einem Freund erzählen könnte."

Walter McTernan, Kursleiter aus Garden City, erzählte von einem neunzehnjährigen Mädchen, das regelrecht erstarrte, als sie ihre auswendig gelernte Rede plötzlich vergaß. Er bat sie, an ein Ereignis zu denken, daß sie den Anwesenden gern schildern würde. Sie schluchzte: „Ich kann überhaupt nicht mehr denken!" Walter fragte sie lächelnd nach ihrem Abschlußball in der High School. Ihr Gesicht hellte sich auf, und sie nickte. „Erzählen Sie uns davon", überredete Walter sie freundlich. Sie fing an und war dann in ihrem Redefluß kaum zu stoppen.

Kursteilnehmer werden aufgefordert, ihre Gedanken mit Beispielen zu illustrieren. Das hilft ihnen, abstrakte Reden zu veranschaulichen. Die Hörer behalten auf diese Weise das Gesagte leichter. Auch Carnegies Bücher sind voller Beispiele, Erlebnisse und Anekdoten.

In einem Dale Carnegie Kurs in Long Island veranschaulichte ein Teilnehmer seine Rede mit einer Kiste voller junger Tiere: Cockerspanielwelpen, Hamster, Kükken und Meerschweinchen. Die Tiere verhielten sich still in ihrer Kiste. Darüber wunderten sich seine Hörer. Der Redner erklärte: „Tiere sind wie Menschen ohne Angst, wenn sie sehr jung sind. Erst durch das Vorbild der Älteren lernen sie die Angst kennen." – Illustrationen, Beispiele oder Anschauungsmaterial erklären mehr als viele Worte.

„Lernen Sie vierzigmal so viel über Ihr Thema, als Sie in Ihrer Rede verwenden", lautet einer der Leitsätze von Dale Carnegie. Ein Redner mit gründlichen Kenntnissen hat mehr Selbstvertrauen und fühlt sich wohler. Er ist eher bereit, sein Wissen mit anderen zu teilen.

In der interessanten Kursbroschüre *Wirkungsvoll Reden* schreibt Dale Carnegie: „Über den richtigen Vortrag einer Rede ist viel Unsinn geschrieben worden. Vergessen Sie vor einer Gruppe Ihre Stimme, Atmung, Bewegung, Haltung und Betonung. Denken Sie an das, was Sie sagen. Die Zuhörer wollen, wie Hamlets Mutter meinte, ‚mehr Inhalt, weniger Kunst'! Seien Sie wie eine Katze, die eine Maus zu fangen versucht. Sie guckt auch nicht herum und sagt: ‚Ich möchte wissen, wie mein Schwanz aussieht? Ob ich wohl richtig stehe? Wie ist mein Gesichtsausdruck?' Nein, sie ist mit solchem Eifer dabei, die Maus zu ihrem Abendbrot zu fangen, daß sie gar nicht falsch stehen oder aussehen könnte, selbst wenn sie wollte. Wenn Sie so lebhaft an Ihren Hörern und an dem, was Sie sagen, interessiert sind, vergessen auch Sie sich selbst."

Jeder Redner wird im Kurs vor und nach seiner Rede mit Applaus bedacht. Applaus ist ein wichtiger Teil des Trainings, nämlich Ausdruck der Zustimmung, Wertschätzung und Anerkennung. Er vermittelt dem Redner das Gefühl der Selbstsicherheit, und die Zuhörer zeigen dadurch mehr Begeisterung.

Phil Deane, der die ersten Dale Carnegie Kurse in Venezuela leitete, erzählte folgendes: „Als ich in das Hotel in Caracas kam, sagte mir der Hoteldirektor, wir könnten an diesem Abend keinen Kurs halten, weil der venezolanische Präsident zu einer Veranstaltung in die Halle käme und um absolute Ruhe gebeten hätte. ‚Mit Ihrem Applaus kann ich Sie heute nicht brauchen.' Ich gab zu bedenken, daß meine Teilnehmer von weither kommen und der Ausfall für sie viele Unannehmlichkeiten bedeuten würde. Er willigte schließlich ein, daß wir den Kursabend halten dürften, wenn wir nicht zu applaudieren versprachen. So geschah es.

Nachdem fünf Teilnehmer gesprochen hatten, konnten wir bald einen deutlichen Unterschied feststellen: Die Atmosphäre war anders als sonst, die Redner kamen weniger begeistert nach vorn, die Teilnehmer wurden unaufmerksam und unruhig. Es fehlte die gegenseitige Anerkennung, sonst Kennzeichen des Dale Carnegie Trainings. Schließlich sagte ich: ‚Um unseren Rednern unser Interesse zu dokumentieren, wollen wir ganz leise mit den Fingern klatschen.' Sie haben noch nie so leise und gleichzeitig so begeisterte Hörer erlebt. Plötzlich war der echte Carnegie-Geist wieder zu spüren!"

Die Kursteilnehmer werden auch zu Stegreifreden aufgefordert. James Sulcer, Personalleiter einer großen Versicherungsgesellschaft, sagt dazu: „Ich wurde gebeten, an einer Besprechung teilzunehmen und nahm an, daß dort drei oder vier Leute anwesend wären. Als ich eintrat, sah ich etwa fünfundzwanzig Personen! Man stellte mich mit den Worten vor: ‚Das ist James Sulcer' das war alles. Das Training in Stegreifreden hatte mir die nötige Selbstsicherheit und Übung gegeben, so daß ich einfach nach vorn ging und meine Sache gut machte."

Es sind jedoch nicht nur die Reden, durch die das Dale Carnegie Training die Kommunikation verbessert. Ein weiterer Weg dazu sind problemlösende Besprechungen. Hauptziel dieser Übungen ist, den Teilnehmern zu zeigen, wie sie schnell zum wesentlichen kommen. Dazu dient eine Methode von Leon Shimkin, Vorstand des Verlages Simon & Schuster. Er schrieb: „Fünfzehn Jahre lang verbrachte ich den halben Arbeitstag mit Konferenzen, um anstehende Fragen zu besprechen. Sollten wir dies tun oder das – oder gar nichts? Wir wurden nervös und unruhig, liefen auf und ab, stritten und bewegten uns im Kreis. Abends war ich immer völlig erschöpft.

Ich dachte, daß dies ewig so weitergehen würde, für den Rest meines Lebens. Ich hatte es fünfzehn Jahre so gemacht, und mir kam nie der Gedanke, daß es eine bessere Methode geben könnte. Wenn mir jemand erzählt hätte, ich könnte drei Viertel meiner in diesen anstrengenden Konferenzen verbrachten Zeit einsparen und drei Viertel der nervlichen Anspannung dazu – ich hätte ihn für einen armen Irren gehalten, einen weltfremden Optimisten. Doch dann stellte ich einen Plan auf, mit dem ich genau dies erreichte. Ich arbeite jetzt seit acht Jahren danach. Er zeitigt wahre Wunder, was meine Arbeitsleistung, meine Gesundheit und meine Zufriedenheit anbetrifft. Es klingt wie Zauberei – doch wie bei allen Zaubertricks ist die Geschichte äußerst einfach, wenn man weiß, wie's gemacht wird.

Und dies ist das ganze Geheimnis: Als erstes schaffte ich die ganze Prozedur ab, nach der wir fünfzehn Jahre lang in meinen Konferenzen gearbeitet hatten, und die stets damit begann, daß meine besorgten Mitarbeiter genau schilderten, was nicht geklappt hatte, und zum Schluß fragten: ‚Was sollen wir machen?' Zweitens erließ ich eine neue Vorschrift: Wer mit mir ein Problem besprechen wollte, mußte vorher ein Memorandum ausarbeiten und zu folgenden vier Punkten Stellung nehmen:

1. Was ist das Problem? – (Früher redeten wir ein oder zwei Stunden aufeinander ein, ohne daß irgend jemand wußte, worum es bei dem Problem genau ging. Wir steigerten uns in eine große Erregung hinein und hatten uns nicht einmal die Mühe gemacht, das zur Diskussion stehende Problem schriftlich zu fixieren.)

2. Was ist die Ursache des Problems? – (Wenn ich jetzt auf mein Berufsleben zurückblicke, bin ich entsetzt darüber, wieviel Zeit wir in schwierigen Konferenzen vergeudeten, ohne auch nur zu versuchen, uns über die

Ursachen klarzuwerden, die zu dem fraglichen Problem führten.)

3. Welche Lösungen sind möglich? – (Früher schlug z.B. ein Konferenzteilnehmer eine Lösung vor. Ein anderer stritt sich dann mit ihm darüber. Die Temperamente prallten aufeinander. Häufig schweiften wir ganz vom Thema ab, und zum Schluß hatte kein Mensch irgendwelche Lösungsvorschläge notiert.)

4. Welche Lösung schlagen Sie vor? – (Manchmal hatte ich eine Besprechung mit einem Mitarbeiter, der sich stundenlang über die Lage Gedanken gemacht und sich immer wieder im Kreis gedreht hatte, ohne auch nur ein einziges Mal alle Lösungsmöglichkeiten durchzudenken und dann zu notieren: Ich schlage Lösung soundso vor.)

Jetzt kommen meine Mitarbeiter kaum noch mit ihren Problemen zu mir. Warum? Weil sie wissen, daß sie alle erreichbaren Fakten sammeln und das Thema durchdenken müssen, um die bewußten vier Fragen beantworten zu können. Wenn sie so weit sind, stellen sie häufig fest, daß sie mich nicht brauchen, weil die richtige Lösung ihnen ins Auge springt wie der Toast aus dem Toaster. Und selbst wenn eine Rücksprache notwendig ist, dauert das Gespräch im Vergleich zu früher nur noch ein Drittel der Zeit, weil es in logischen, geordneten Bahnen verläuft, die zu einem vernünftigen Schluß führen.“*

Diese Prinzipien werden auch bei den Konferenzen im Kurs angewandt. Es reicht aber nicht, wenn man nur liest, wie mit einem Problem umgegangen werden muß. Die Kursteilnehmer wenden die genannten vier Schritte auf ein Problem an, das an einem Abend ausgewählt und am nächsten behandelt wird. So lernen sie, wie man sei-

* Dale Carnegie, *Sorge dich nicht – lebe* (Scherz Verlag) S. 1984, S.66-67

ne Ideen klar und überzeugend darstellt, anderen zuhört und ihre Vorschläge bewertet.

Viele Firmen haben diese Vorgehensweise übernommen. Sie funktioniert nicht nur bei Besprechungen, sondern bei allen Arten von Problemen im Meinungsaustausch.

Dale Carnegie stellte sich gern schwierigen Herausforderungen. Er genoß es, mit Ingenieuren zu arbeiten: „Wie wird aus einem Ingenieur, der sich mit abstrakten Dingen beschäftigt, ein Manager, der Menschen führen kann?“ fragte er bei einem Treffen von Ingenieuren in New York. „Ich arbeite am liebsten mit Ingenieuren“, sagte er. Viele Firmen, in denen Techniker mitarbeiten, stimmen darin mit ihm überein. Wenn man der Kreativität dieser technisch denkenden Menschen freien Lauf ließe, indem man ihre Kommunikationsfähigkeit förderte, wie wunderbar wäre das!

F.A. Hildenbrand, Direktor der Atlantic Richfield of Canada, ist Vorsitzender einer der vielen Unternehmen, die ihre Mitarbeiter in das Dale Carnegie Training schikken, damit sie sich besser auszudrücken lernen. „Unsere Leute sind technisch orientiert“, berichtet er. „Es sind Geologen, Ingenieure und Juristen. Wir geben für unsere Projekte viel Geld aus. Unsere Komitees müssen alles sorgfältig prüfen. Jeder muß seine Arbeit klar und detailliert vorstellen können. Ich behaupte, einer der großen Mängel unseres Bildungsprogramms, und besonders der Ausbildung von Technikern, besteht darin, daß diese Fähigkeit nicht gelehrt wird. Der Dale Carnegie Kurs hat meinen Mitarbeitern geholfen, bessere und überzeugendere Berichte zu geben. Sie organisieren ihr Material besser, sind beim Reden gelassener und klarer und behandeln alle Fragen zügiger.“

Ehemalige Kursteilnehmer suchen oft Gelegenheiten, um ihre neuerworbene Redefähigkeit zu praktizieren.

Sie werden aktive Mitglieder in Gemeinden und Vereinen, übernehmen zusätzliche Aufgaben im Beruf oder sie treten einem Club bei, in dem Mitglieder regelmäßig Reden halten. Sie genießen das Sprechen vor Zuhörern, ihr Leben wird dadurch bereichert, denn es gibt ihnen das Gefühl der Wichtigkeit.

Menschen aus allen sozialen Schichten fanden, daß ihre neu erworbenen Fähigkeiten ihnen im Privatleben Nutzen brachten. Die Dankschreiben zahlloser Teilnehmer finden sich in den Unterlagen der Dale Carnegie Lizenzträger in aller Welt wie auch der Dale Carnegie Organisation in New York. Senatoren, Gouverneure und andere Politiker sehen es als Ergebnis des Dale Carnegie Trainings an, daß sie bessere Redner geworden sind und beruflich vorankamen. Geschäftsleute führen ihren Erfolg auf ihre verbesserte Redefähigkeit zurück. Viele Absolventen berichten, daß sie sich in der Öffentlichkeit und im Privatleben besser ausdrücken können.

Menschen, die sich zum Dale Carnegie Training anmelden, tun sich oft schwer, mit ihren Angehörigen wirkliche Gespräche zu führen. Joe Carpenter aus Baton Rouge schrieb: „Nach einem Kursabend sagte ich zu meiner Frau: ‚Wir wollten doch mal miteinander sprechen. Laß es uns jetzt tun.‘ Und genau das taten wir, bis uns vor Müdigkeit die Augen zufielen. Seither verstehen wir einander viel besser. Unser Leben und unsere Ehe sind dadurch viel schöner geworden.“

Warum funktioniert die Carnegie Methode? Dennis Lane aus Chicago gab diese Antwort: „Man geht in den Kurs und ist mit dem ganzen Herzen dabei. Man beobachtet die anderen, hört ihren Berichten zu und wird sich ihrer Stärken und Schwächen bewußt. Während man selber spricht, bewerten einen die anderen. Das ist aufregend und lohnt sich. Und es wirkt sich auch nach Beendigung des Kurses auf andere Lebensbereiche aus.“

Zahllose Absolventen berichten, wie ihr neues Selbstvertrauen und die Fähigkeit, sich anderen gegenüber besser auszudrücken, ihnen beruflich geholfen hat. Ben Pieters aus Durban berichtet: „In Rom sang ich in der Oper und gab eine Zugabe nach der anderen. Stehend jubelten die Menschen mir zu. In Hollywood erzählte ich Witze, und meine Zuhörer bogen sich vor Lachen. Im Rathaus sprach ich und beeinflußte die Politik unserer Stadt. – Aber leider hat dies alles nur in meiner Phantasie stattgefunden!

Das entscheidende Erlebnis hatte ich letztes Jahr. Mein Chef bat mich um einen Vortrag vor der Belegschaft. Ich hatte noch nie vor anderen gesprochen. Mir wurde flau im Magen. Ich nahm Beruhigungstabletten und zitterte den ganzen Tag vor Lampenfieber. Als ich dann sprach, hatte ich trockene Lippen, ich konnte kaum ein Wort herausbringen. Ich las meinen Vortrag ab, und er war schlecht. Vor zwei Wochen wurde ich wieder um einen Vortrag vor Kollegen gebeten. Diesmal genoß ich ihn! Eine Stunde lang redete ich zu interessierten und aufmerksamen Hörern. Obwohl mein Material letztesmal genauso gut gewesen war, hatte ich es schlecht vorgetragen und war selbst ein Nervenbündel gewesen. Diesmal, nach dem Carnegie Training, fühlte ich mich wohl in meiner Haut. Chef und Kollegen beglückwünschten mich anschließend."

Die Fähigkeit, sich auszudrücken, gehört zu den großen Zielen des Dale Carnegie Kurses. Öffentliche Rede mag nur ein geringer Teil aller Kommunikation sein, aber dadurch werden Selbstvertrauen, Begeisterungs- und Ausdrucksfähigkeit gefördert. Kursabsolventen brauchen sich nicht vor einer Rede zu fürchten. Sie sind in der Lage, mit Zuversicht eine angemessene Rede zu halten, wenn die Situation es erfordert. Ein Absolvent meinte treffend: „Das flaue Gefühl im Magen ist noch da, aber ich habe es jetzt unter Kontrolle."

5

Begeisterung schaffen

Begeisterung ist die treibende Kraft Ihrer Persönlichkeit. Ohne sie liegen Ihre Fähigkeiten brach. Fast jeder Mensch besitzt mehr verborgene Talente, als er gebraucht. Sie verfügen vielleicht über Wissen, Urteilskraft und Denkvermögen. Aber niemand wird es wissen – nicht einmal Sie selbst – bis Sie Ihre Gedanken und Taten mit Leben erfüllen.

Dale Carnegie

Stan Novak aus Cleveland kam von der Arbeit nach Haus und fand seinen jüngsten Sohn Tim schreiend und strampelnd auf dem Boden des Wohnzimmers. Am nächsten Tag sollte Tim zum erstenmal in den Kindergarten gehen und wollte nicht. Zuerst reagierte Stan wie üblich, schickte Tim in sein Zimmer und sagte ihm, er solle sich mit dem Kindergarten abfinden. Er erkannte allerdings, daß dies Tim nicht helfen würde.

Also nahm Stan sich vor, das anzuwenden, was er im Dale Carnegie Training gelernt hatte. Er überlegte: „Wenn ich Tim wäre, warum sollte ich Lust haben, zum Kindergarten zu gehen?" Dann schrieben er und seine Frau alles Schöne auf, was Tim dort tun würde: Malen mit Fingerfarben, Singen, Spielen usw. Sie setzten diese Dinge in die Tat um: „Fröhlich saßen wir am Küchentisch und malten mit Fingerfarben. Dabei sangen wir. Bald guckte Tim um die Ecke und wollte mitmachen. ‚Oh nein, zuerst mußt du in den Kindergarten gehen und lernen, wie man das macht' sagten wir. Mit aller Begeisterung, zu der ich fähig war, redete ich mit Tim in seiner Sprache.

Am nächsten Morgen saß Tim im Wohnzimmersessel und schlief. ‚Was machst du denn hier?' wunderte ich mich. ‚Ich warte darauf, daß ich zum Kindergarten kann. Ich will nicht verschlafen!' – Durch unsere Begeisterung hatte Tim solche Lust bekommen, zum Kindergarten zu gehen. Keine Diskussion oder Drohung hätte das erreicht!"

„Wenn es etwas gibt, das für den Erfolg wichtiger ist als alles andere, ist es Begeisterung", sagte Dale Carnegie. Immer wieder sprach er darüber auf seinen Reisen, im Radio und bei Kursleitertreffen. Er verwies oft auf sein eigenes Leben, und wie Begeisterung ihm zum Erfolg verholfen hatte. Seine Hörer berichten, er sei kein glänzender Redner gewesen, habe auch nicht die rhetorischen Fähigkeiten besessen, die man von einem „Experten" erwartete. Seine Begeisterung aber nehme die Hörer von Anfang an gefangen.

In seinen Kursen war er so voller Begeisterung über die Fortschritte der Teilnehmer, daß er anschließend nicht nach Haus ging, sondern mit den Kollegen noch lange zusammensaß und diskutierte.

Enthusiasmus ist eine innere Freude, die den ganzen Menschen durchdringt. Das Wort ist von zwei griechischen Wörtern abgeleitet, „en" bedeutet „in", „theos" bedeutet „Gott". Genaugenommen hat also ein enthusiastischer Mensch Gott in sich, ihn erfüllt ein inneres Feuer, eine geistige Kraft.

Wenn sich Einzelne, Gruppen, Sportmannschaften, Firmen und ganze Gemeinden begeistern, führt das zu einer positiven Einstellung, zu Erfolg und Zufriedenheit. Einer der größten Fußballtrainer der Welt war wohl Vince Lombardi. Norman Vincent Peale schreibt in seinem Buch *Enthusiasm – What It Can Do For You**; „Als Lombardi zum Green Bay Verein kam, übernahm er eine niedergeschlagene und entmutigte Mannschaft. Er stellte sich vor sie, sah lange von einem zum anderen und sagte mit leiser, aber fester Stimme: ‚Jungs, wir werden

* Norman Vincent Peale, *Enthusiasm* (Pawling, New York: Foundation for Christiab Living, 1973) pp. 26-27

ein großartiges Fußballteam werden! Wir werden Spiele gewinnen! Macht euch das klar! Ihr werdet lernen, was richtige Abwehr ist! Ihr werdet lernen, wie man rennt! Ihr werdet lernen, wie man angreift! Ihr werdet die Mannschaft ausspielen, gegen die ihr antretet! Das ist unser Ziel!'

‚Und wie werden wir das tun?' fuhr er fort, ‚Ihr müßt mir vertrauen und euch für meine Methode begeistern! Das ist das ganze Geheimnis! (Und danach tippte er sich an den Kopf.) Ich möchte, daß ihr an drei Dinge denkt, und zwar in dieser Reihenfolge: an eure Familie, an euren Glauben und an die Green Bay Mannschaft! Laßt euch von meiner Begeisterung anstecken!'

Die Männer saßen kerzengerade und wie gebannt auf ihren Stühlen. ‚Ich ging von der Besprechung nach Hause und fühlte mich dreimal so groß', berichtete einer der Spieler. Das Team gewann in dem Jahr sieben Spiele, fast mit denselben Männern, die letztes Jahr zehn Spiele verloren hatten. Im nächsten Jahr wurden sie Meister in ihrer Liga, im dritten Jahr Landesmeister. Und warum? Weil neben hartem Training, Können und Liebe zum Sport auch Begeisterung nötig ist.

Was der Green Bay Verein erlebt hatte, kann genauso einer Gemeinde, einer Firma, einem Land oder auch einem Einzelnen passieren. Denn unsere Gedanken bestimmen das Ergebnis unserer Bemühungen. Wenn ein Mensch wirklich begeistert ist, kann man das sehen: Seine Augen leuchten, er ist aufmerksam und lebendig. Man sieht es an seinem Gang und an seinem ganzen Wesen. Durch seine Begeisterung tritt er anderen Menschen gegenüber ganz anders auf. Durch die Fähigkeit, sich zu begeistern, hat er mehr Freude am Leben."

Dale Carnegie zitierte häufig Frederick Williamson, Präsident der New Yorker Eisenbahn: „Je länger ich lebe, desto sicherer bin ich, daß Begeisterung eigentlich das Geheimnis des Erfolgs ist. Der Unterschied zwischen Erfolgreichen und Erfolglosen besteht nicht immer in ihrem Können. Wenn zwei Menschen etwa die gleiche Intelligenz haben, wird es derjenige leichter haben, der sich begeistern kann. Und jemand mit bescheideneren Fähigkeiten wird häufig den Fähigeren ausstechen, wenn er sich zu begeistern vermag." Carnegie fand, daß dieses Zitat seine Überzeugung so genau wiedergab, daß er eine Broschüre über den Wert der Begeisterung schrieb, die an alle Kursteilnehmer ausgeteilt wird.

Begeisterung ist kein oberflächliches Gefühl. Sie muß aus dem Inneren kommen und kann selten über längere Zeit vorgetäuscht werden. Um sie zu erhalten, muß man sich ein Ziel setzen, darauf hinarbeiten und nach dem Erreichen sich ein neues vornehmen. Durch die dabei entstehende Freude und Herausforderung hält die Begeisterung an.

James Nentwig nahm zu Beginn der sechziger Jahre am Dale Carnegie Verkaufstraining in Minneapolis teil. Er verkaufte Lebensversicherungen und war ein begeisterter Kursteilnehmer. Als seine Firma ihn nach St.Louis versetzte, ging er zum dortigen Carnegie Repräsentanten Red Storey und bot sich an, Assistent zu werden. Später ließ er sich sogar zum Kursleiter ausbilden. Eines Abends nahm Nentwig mit seinem Volkswagen Storey mit nach Haus, als Storeys Blick auf das Armaturenbrett fiel und er das Bild eines Cadillacs sah, erläuterte Nentwig ihm: „Wenn ich in meinen Volkswagen steige und den Cadillac sehe, weiß ich: Eines Tages werde ich ihn haben!" Ein Jahr später wurde Nentwig Personalleiter und konnte sich den Cadillac kaufen. Weil seine Arbeit ihn aber nicht ausfüllte, ging er zum Chef und sagte: „Ich möchte noch in diesem Jahr Ihre Stelle oder eine ähnliche, sonst kündige ich." Zu Beginn des neuen

Jahres baute er eine neue Filiale in Tulsa auf und brach im darauffolgenden Jahr alle firmeninternen Rekorde. Er wurde nach Boston versetzt. Mit erst dreißig Jahren war er Vizepräsident des Bezirks St. Louis. Damals leitete er das Dale Carnegie Verkaufstraining, wenn sein Terminkalender es zuließ. Später wurde Nentwig Vizepräsident der ganzen Gesellschaft.

Es sind begeisterungsfähige Menschen wie James Nentwig, die ausgewählt werden, um das Dale Carnegie Verkaufstraining zu leiten. Begeisterung weckt Menschen aus ihrer Lethargie. Dr. Cabuluma aus dem Staate New York bemühte sich sehr um Unterstützung für die Amerikanische Krebsforschungsgesellschaft. Er berichtet: „Alle meine Ideen und Vorschläge wurden mit dem Kommentar abgetan: ‚Das haben wir schon versucht, aber es klappte nicht' oder: ‚Niemand ist daran interessiert'. Das machte mich wütend und verbittert. Dann rief ich alle möglichen Leute an. Vor einer Woche hielt ich eine Rede vor den Angestellten meines Krankenhauses. Statt dabei wie üblich am Tisch zu sitzen, stand ich auf und argumentierte voller Begeisterung. Ich sprach eindringlich und sehr ernst über mein Anliegen. An den gespannten Gesichtern meiner Hörer konnte ich deutlich ihre Aufmerksamkeit sehen. Das Ergebnis war, daß endlich eine Kampagne zur Unterstützung dieses wichtigen Programms gestartet wurde."

Skeptische Kursteilnehmer fragen, wie man sich z.B. für eine ungeliebte Aufgabe oder ein uninteressantes Thema begeistern kann. Die Antwort lautet: Genau wie man Angst überwindet: Man tut das, wovor man sich am meisten fürchtet. Man befaßt sich zuerst mit den Themen, die einen am wenigsten intressieren. Wer das ernsthaft tut, stellt bald fest, daß sie gar nicht so langweilig oder schwierig sind, wie man angenommen hatte.

„Wie kann man seine Kursteilnehmer begeistern?"

wurde Dale Carnegie oft von seinen Kursleitern gefragt. In einer Denkschrift für seinen Kollegen Murray Mosser gab er folgenden Rat: „Erstens: Zwingen Sie sich, mit Begeisterung zu *handeln*. Das ist der kürzeste Weg zu vermehrter Begeisterung. Zweitens: Interessieren Sie sich für Ihr Thema, leben Sie damit, verschaffen Sie sich darüber möglichst viel Information. Dadurch vermehren Sie unbewußt Ihre Begeisterung. Ich habe mich z.B. nie für Lincoln begeistern können, bis ich ein Buch für ihn zu schreiben begann. Jetzt interessiert mich der Mann sehr. Vielleicht war Washington ein genauso großer Mann wie Lincoln; weil ich aber weniger über ihn weiß, kann ich mich nicht so für ihn begeistern.

Ich habe zwei Nachbarn, von denen einer Gutachter ist. Wenn man ihn auf dies Thema anspricht, kann er stundenlang darüber reden. Der andere Nachbar ist ein berühmter Bildhauer. Er kann zwar begeistert über Bildhauerei sprechen, aber die Aufgabe eines Gutachters läßt ihn kalt.

Ein anderes Beispiel: Meine Frau Dorothy begeistert sich nicht für Lincoln, weil sie wenig über ihn weiß. Was aber Shakespeare betrifft, ist sie fast eine Expertin. Also spricht sie gern über Shakespeare. Ich kann mich nicht für ihn begeistern, aber desto mehr für Lincoln, dessen Leben ich sehr gut kenne.

Was ist Begeisterung? Es ist der Ausdruck eines Gefühls. Wir sollten die Menschen darüber sprechen lassen, was sie wirklich bewegt. Sie werden dann ihre Zuhörer genauso selbstverständlich fesseln, wie sie atmen.“

Carnegie warnte davor, Begeisterung mit Lärm oder Geschrei zu verwechseln. „Mit Begeisterung meine ich ein starkes, geistiges Empfinden, tief in uns. Ich nenne es gern ‚unterdrückte Freude‘. Wenn Sie sich z.B. von ganzem Herzen wünschen, anderen zu helfen, sind Sie begeistert. Diese Begeisterung spricht aus Ihren Augen, Ihrem

Gesicht, Ihrer Seele und Ihrer ganzen Persönlichkeit. Sie sind inspiriert, und das wird andere inspirieren."

Um Begeisterung zu entwickeln, brauchen wir eine gute Kondition. Wenn wir mit Energie an eine Sache herangehen, werden wir auch geistige und gefühlsmäßige Kraft haben. Verkäufer, Lehrer und Unternehmer beginnen ihren Arbeitstag oft mit Joggen, Radfahren oder anderem körperlichen Training. Das dient nicht nur ihrem Körper, es steigert auch ihre Energie und Begeisterungsfähigkeit.

Eine andere Art, mehr Begeisterung zu entwickeln, besteht darin, dem Menschen, der etwas leisten soll, aufmunternde Worte zu sagen. So motivieren Trainer ihre Teams, Verkaufsleiter ihre Mitarbeiter. Anfeuernde Worte zu uns selbst sind zwar wenig üblich, können aber sehr hilfreich sein. Sie sind für uns das, was eine Anfeuerungsrede eines Trainers für seine Mannschaft ist.

Im Dale Carnegie Kurs werden die Teilnehmer aufgefordert, sich selbst Mut zuzusprechen. So berichtet eine New Yorker Absolventin, wie sie durch ihren Enthusiasmus eine neue Stellung bekam. Nach Beendigung der Sekretärinnenschule wollte sie gern bei einem Arzt arbeiten, wurde aber mehrmals wegen mangelnder Berufserfahrung abgelehnt. Dann dachte sie an das Prinzip der Begeisterung, das sie im Kurs gelernt hatte. Auf dem Weg zum nächsten Vorstellungsgespräch sprach sie sich selbst Mut zu: „Ich will diese Stelle bekommen! Ich habe das nötige Wissen, ich bin fleißig und zuverlässig. Ich kann diese Arbeit tun und dem Arzt eine echte Hilfe sein!" Voll Zuversicht kam sie in die Praxis und beantwortete die Fragen des Arztes mit solcher Begeisterung, daß er ihr die Stelle anbot. Später erzählte er ihr, eigentlich habe er vorgehabt, sie wegen ihrer mangelnden Erfahrung wegzuschicken. Aber ihre Begeisterung habe ihn überzeugt. Sie übertrug diesen Enthusiasmus auch auf ihre Arbeit und wurde eine ausgezeichnete Arztsekretärin.

Lewis Conrad aus Grand Rapids berichtet von seinem vergeblichen Versuch, einem Kunden einen Ofen zu verkaufen. Nach dem Kurs versuchte er es noch einmal und bekam diesesmal den Auftrag. Der Kunde sagte anschließend zu ihm: „Ich bin froh, daß ich nicht den Ofen von neulich gekauft habe. Dieser scheint viel besser zu sein." Lewis fügt hinzu: „Es war genau derselbe Ofen, aber ich war beim zweitenmal von meinem Produkt begeistert. Das war der Unterschied."

Alf McEwan, ein südafrikanischer Kursteilnehmer, wandte das gleiche Prinzip an, um einen hartnäckigen Kunden zu gewinnen. Seine Firma vermietete Kräne. Der Kunde, den er Herr Smith nannte, war stets unhöflich und schlechtgelaunt. Nach zwei Anrufen, bei denen Herr Smith sich geweigert hatte, McEwan anzuhören, versuchte er es nochmals und berichtet: „Wieder war er mürrisch und schrie einen Vertreter an, sein Gesicht war puterrot. Der arme Vertreter zitterte. Statt mich davon anstecken zu lassen, war ich entschlossen, ihm meine Begeisterung zu zeigen. Als er ‚Nächster!' schrie, ging ich in sein Büro. ‚Sie schon wieder? Was wollen Sie?' rief er. Ehe er weiterbrüllen konnte, sagte ich lächelnd und fest: ‚Ich möchte, daß Sie alle Kräne bei uns mieten!' Er war eine Weile sprachlos, sah mich merkwürdig an und murmelte: ‚Bleiben Sie hier. Warten Sie.' Als er nach einer halben Stunde wiederkam, wunderte er sich: ‚Sie sind immer noch hier?' Ich sagte ihm, daß ich ihm ein so gutes Geschäft vorzuschlagen habe und gar nicht daran dächte wegzugehen, ehe ich es ihm erklären könne. Das Ergebnis war ein Auftrag über 75.000 Rand pro Monat für ein Jahr mit der Aussicht auf weitere Geschäfte."

Carnegie Absolventen sind oft so begeistert, daß sie

den Kurs ihren Freunden und Mitarbeitern weiterempfehlen. Manche treffen sich regelmäßig nach dem Kurs, um Erfahrungen auszutauschen und weiter an sich zu arbeiten.

Senator Paul Fannin aus Arizona nahm Ende der vierziger Jahre am Kurs teil. Begeistert empfahl er das Training in seinen öffentlichen Reden. Später wurde er Gouverneur. Sein Sohn Tom, ein erfolgreicher Geschäftsmann, wurde sogar Kursleiter.

Ein anderer Absolvent, dessen Leben sich durch das Training verändert hat, ist Melvin S. (Bud) Falck, damals Hauptmann in der Armee. Sein Kursleiter Murray Mosser traf nach der Lektion über „Begeisterung" mit ihm zusammen und berichtet darüber: „Ich fragte ihn ‚Bud, welche Pläne haben Sie für Ihr Leben?' Er antwortete: ‚Wie meinen Sie das? Welche Pläne? Ich bin Offizier in der Armee und will dort Karriere machen.' Ich sagte: ‚Mit Ihren hervorragenden Führungsqualitäten und Ihrer Begeisterungsfähigkeit können Sie überall Karriere machen, wenn Sie sich entsprechende Ziele stecken und Pläne haben.' In dieser Nacht stellten er und seine Frau einen Langzeitplan auf. Er beschloß Teilzeitvertreter für eine Investmentgesellschaft zu werden, während er zunächst noch bei der Armee blieb. Bald verkaufte er hauptberuflich Investmentfonds. Jetzt hat er 24 Mitarbeiter, gehört zum Vorstand einer Lebensversicherungsgesellschaft und ist an weiteren finanziellen Projekten interessiert. Er verdient mehr, als er sich je hat vorstellen können. Wenn ich Bud Falck nach dem wirklichen Geheimnis seines Erfolges frage, sagt er nur: ‚Begeisterung!'"

Doug Dares, Feuerwehrmann in Neuschottland und Kursabsolvent, demonstrierte Begeisterung in einer Rede über Feuerschutz in einer Grundschule: „Ich ging in meiner Feuerwehruniform zu den Kindern und erklärte ihnen, warum wir diese Uniform tragen. Dann sahen wir zwei Filme über Feuerschutz. Begeistert erzählte ich den Kindern von einer Überraschung: Ich werde euch alle zu ehrenamtlichen Feuerwehrleuten machen! Ihr lernt, wie ihr eure Eltern und Geschwister in Sicherheit bringen könnt, wenn Feuer ausbricht. Also aufgepaßt! Der Rauch hängt von der Decke bis hier (1 m über dem Fußboden). Jetzt müssen wir auf Händen und Knien kriechen! Da war das Hallo groß. Sofort krochen alle den Gang entlang. Ihr Lehrer strahlte."

Dale Carnegie wußte, daß eine der Hauptaufgaben seiner Kursleiter darin bestand, Begeisterung zu wecken. Sie beobachten, wie ihre Teilnehmer sich verändern. Die beste Motivation ist der Erfolg anderer. Man muß einfach begeistert sein, wenn aus einem schüchternen Kursteilnehmer ein vor Lebensfreude überquellender Mensch wird.

Ein Kursleiter muß Begeisterung ausstrahlen, sonst kann er seine Teilnehmer nicht motivieren. Oft loben Kursteilnehmer den lebendigen Unterricht ihrer begeisterten Kursleiter.

Über Dale Carnegies Schreibtisch und zu Hause an seinem Spiegel hing ein Poster mit einem Motto, das sich zufällig auch General MacArthur ausgewählt hatte, als er die Alliierten Streitkräfte im Südpazifik befehligte:

„Du bist so jung wie dein Glaube,
so alt wie deine Zweifel;
so jung wie dein Selbstvertrauen,
so alt wie deine Ängste;
so jung wie deine Hoffnung,
so alt wie deine Verzweiflung.
Wer alt wird, hat Falten im Gesicht,
aber wer ohne Begeisterung lebt,
hat Falten in der Seele!"

Das ist vielleicht das schönste Lob, das je der Begeisterung gezollt wurde. Menschen, die diese Fähigkeit in sich entwickeln, verleihen allem, was sie tun, besonderen Glanz.

6

Freunde gewinnen und Menschen beeinflussen

Sie können in zwei Monaten mehr Freunde gewinnen, wenn Sie sich wirklich für andere Menschen interessieren, als in zwei Jahren mit dem Versuch, andere für sich zu interessieren. Denn die beste Art, Freunde zu gewinnen, ist selbst ein Freund zu sein!

Dale Carnegie

Für viele Menschen steht der Name Dale Carnegie für den langjährigen Bestseller *Wie man Freunde gewinnt*, der das Leben von Millionen verändert hat. Das Thema zwischenmenschliche Beziehungen wurde jedoch erst dann in das Training auf genommen, als im ursprünglichen Kurs für freies Sprechen der Wunsch danach geäußert wurde, nicht umgekehrt.

Im Vorwort schrieb Carnegie; „Seit 1912 habe ich in New York Fortbildungskurse für Geschäftsleute und andere Berufstätige durchgeführt. Zunächst waren es lediglich Rhetorikkurse, in denen die Teilnehmer durch praktische Übungen lernten, ihre Gedanken klarer zu formulieren und sich wirkungsvoller auszudrücken. Doch im Lauf der Zeit stellte ich fest, daß diese Menschen zwar dringend einen Redekurs brauchten, viel nötiger aber ein Training im Umgang mit anderen Menschen im Berufs- und Privatleben."

Dale Carnegie erkannte, daß es nicht damit getan ist, die Prinzipien zwischenmenschlicher Beziehungen einfach zu lehren. Wenn man will, daß Menschen sich verändern, müssen die Regeln im Kurs angewandt und geübt werden.

Die Regeln stießen zunächst auf Vorbehalte. Ein Teilnehmer aus Neuschottand berichtet: „Ich kam ziemlich eingebildet zum Kurs und wollte beweisen, daß Dale Carnegies Empfehlungen falsch sind. Zunächst konnte ich mich selbst täuschen, indem ich immer wieder dasselbe behauptete. Bis zum vierten Kursabend wehrte ich mich mit Händen und Füßen, bis ich endlich sagte: ‚O.K., ich werde Ihr lächerliches Konzept ausprobieren!' Ich tat es, und es funktionierte! Also machte ich weiter mit dem Ergebnis, daß ich mich unglaublich wohlfühlte."

Diese Empfehlungen kann man den Kursteilnehmern nicht aufzwingen. Wer sie nur anwendet, um beliebt zu sein, etwas zu verkaufen oder andere zu manipulieren, mißversteht Carnegie und tut seiner Philosophie unrecht. So geht es einfach nicht, weil eine aufrichtige Einstellung die Voraussetzung ist. Das wird den Teilnehmern durch die Ehrlichkeit der Kursleiter und die Unterstützung der anderen Teilnehmer erleichtert.

Dazu sagte Dan Ramsey, der den Kurs in Denver besuchte: „Man kann nicht in einem Raum mit vierzig Menschen sitzen und ihnen zuhören, ohne zu spüren, daß hier etwas geschieht. Man beginnt, sich mit ihnen zu identifizieren." Am treffendsten drückte Roy C. Thornton aus Newark es während des letzten Kursabends aus: „Was der Kurs mir gebracht hat, ist der Glaube an die Wichtigkeit aller Menschen. Ich habe Ihnen zugehört. Sie sind Menschen unterschiedlicher Herkunft, Rassen, Berufe und unterschiedlichen Alters. Sie haben verschiedene Ansichten, Gedanken, Ambitionen und Ziele. Ich habe zu Ihnen gesprochen und gelernt, Sie besser zu verstehen. Das hilft mir, Sie zu achten, denn Sie sind es wert."

Dale Carnegie Kursleiter wissen, daß die beste Art, anderen etwas beizubringen, darin besteht, es ihnen vorzuleben. Bewußt oder unbewußt übernehmen die Teilnehmer eine bestimmte Einstellung und entwickeln neue Fähigkeiten durch das Erleben des Trainings. Die Kursleiter sind vorbildliche Zuhörer. Sie praktizieren die

Empfehlungen für gute zwischenmenschliche Beziehungen. Deshalb ist die Kursatmosphäre so positiv.

Aufgabe der Teilnehmer ist die Anwendung der Empfehlungen Dale Carnegies im Alltag. Sie berichten den anderen Teilnehmern darüber, die davon profitieren.

Chuck Klawitter aus Michigan wollte endlich das Verhältnis zu einem Mitarbeiter verbessern, mit dem er schon jahrelang Schwierigkeiten hatte: „Unsere Diskussionen legte ich immer auf die Nachmittage, weil ich mich dabei so aufregte, daß ich danach nichts mehr fertigbrachte. Anschließend ging ich zitternd und mit Magenschmerzen nach Hause. Ich hatte den Mann zehn Jahre lang gehaßt und zweifelte, ob ich daran etwas ändern konnte. Nachdem ich aber die Empfehlungen für bessere zwischenmenschliche Beziehungen wieder und wieder las, wurde meine Einstellung weniger negativ, schließlich neutral und dann positiv. Ich hörte auf, ihn zu kritisieren, sagte ihm, daß ich einige seiner Vorschläge schätzte und gab ihm das Gefühl, wichtig zu sein. Unsere Spannungen ließen nach, und es kam sogar so weit, daß ich gern mit ihm zu tun hatte! Natürlich veränderte das auch seine Einstellung zu mir, und es wirkte sich auch günstig auf unsere gemeinsame Arbeit aus."

Viele Kursleiter erzielten bessere Ergebnisse, wenn sie positiv auf Veränderungen ihrer Teilnehmer reagierten, statt sie zu kritisieren. Die erste Empfehlung für gute zwischenmenschliche Beziehungen von Dale Carnegie heißt deshalb: „Kritisieren, verurteilen und klagen Sie nicht"

Frau Glick, eine Lehrerin aus Ohio, probierte es aus. Zu Beginn eines neuen Schuljahres kam Kevin in ihre Klasse, der als Störenfried bekannt war: „Zunächst reagierte ich sehr negativ. Doch ich wußte, daß damit wahrscheinlich alles schlimmer würde. Deshalb nahm ich mir vor, Kevin als meine Herausforderung für dieses Schuljahr anzusehen. Statt ihn zu kritisieren, versuchte ich, ihm lächelnd Disziplin beizubringen. Wenn er z.B. schwatzte, fragte ich ihn: ‚Kevin, brauchst du etwas?' Bei fehlerhaften Hausaufgaben bat ich ihn freundlich: ‚Willst du das bitte noch einmal auf Fehler durchsehen?' Manchmal wollte er nur stören. Dann sah ich ihn an und zwinkerte ihm zu: ‚He du, ich weiß genau, was du vorhast!' Er zuckte dann die Achseln und ging an seine Arbeit. Kevins Veränderung hat mich wirklich beeindruckt. Er sieht fröhlicher aus, arbeitet mit und hat gute Freunde gefunden."

Ann Sawatzky aus Ontario berichtet: „Ich habe immer kritisiert, auch meinen Mann und die Kinder, wenn sie z.B. etwas herumliegen ließen, ihren Kaffee schlürften usw. Während des Kurses wurde mir klar, daß diese Kleinigkeiten unwichtig sind. Kritik ändert ja doch nichts, meist entstehen dadurch nur Spannungen."

Dale Carnegie sagte: „Kritik ist nutzlos. Sie drängt den anderen in die Defensive, und er beginnt sich zu rechtfertigen. Kritik ist sogar gefährlich, denn sie verletzt den Stolz des anderen, kränkt sein Selbstbewußtsein und weckt Unmut."

Benjamin Franklins Erfolgsgeheimnis als Diplomat war: „Sage über niemand etwas Schlechtes, und über jeden alles Gute, was du weißt." Statt anderen Vorwürfe zu machen, schlug Carnegie vor: „Versuchen wir lieber, den Grund für ihr Tun herauszufinden. Das ist nützlicher und interessanter als Kritik, denn es schafft Sympathie, Toleranz und eine freundliche Atmosphäre."

Kritik kann verbal oder nonverbal sein. Frederick L. Shourd aus Nebraska wollte eine Empfehlung für bessere zwischenmenschliche Beziehungen auswählen als Vorbereitung für seinen Bericht am nächsten Kursabend: „Ich begann die Empfehlungen meiner Frau vorzulesen:

‚Nummer 1, Kritisieren, verurteilen, klagen Sie nicht! Aber das tue ich ja sowieso nie...' Da rief sie: ‚Was? Du meckerst dauernd und kritisierst mich! Erst neulich brachtest du mich zum Weinen mit jener sarkastischen Bemerkung!' Natürlich hatte ich meine Worte gar nicht ernst gemeint, doch sie erwiderte: ‚Aber du warst völlig ernst dabei. Wie konnte ich das anders verstehen?' In dem Moment nahm ich mir vor, mit scherzhaft gemeinten Bemerkungen ganz besonders vorsichtig zu sein."

Diese Philosophie ist Grundlage des ganzen Carnegie Trainings. Die Kursleiter kritisieren ihre Teilnehmer niemals negativ, stattdessen heben sie ihre Stärken hervor und tragen so zu ihrer Festigung bei.

Eine weitere Empfehlung Carnegies lautet: „Geben Sie ehrliche und aufrichtige Anerkennung!" Deshalb applaudieren die Teilnehmer nach jeder Rede. Der Kursleiter drückt seine Anerkennung durch einen ermutigenden Kommentar aus.

Dale Carnegie zitiert Charles Schwab, dem Andrew Carnegie eine Million Dollar Jahresgehalt zahlte: „Ich sehe in meiner Fähigkeit, Begeisterung in anderen zu wecken, meine größte Stärke. Um das Beste in einem Menschen zu fördern, muß man ihn anerkennen und loben." Und der große amerikanische Psychologe William James stellte fest, daß der tiefste Wunsch eines Menschen im Verlangen nach Anerkennung besteht.

Kursteilnehmer und Absolventen wenden diese Empfehlung im Alltag an. Murray Mosser, der dreißig Jahre in der Dale Carnegie Organisation mitarbeitete, erinnert sich, wie ein Kursteilnehmer zum erstenmal von der Anwendung dieser Empfehlung berichtete: „Der Mann besaß eine Tankstelle in einer Gegend mit ziemlich viel Konkurrenz. Er verdiente nicht genug, um sein Geschäft aufrecht zu erhalten, und konnte es sich nicht leisten, seine Preise zu senken oder Geld in die Werbung zu stecken. Hierüber dachte er nach, als er sich auf seinen nächsten Kursabend vorbereitete. Er beschloß, seinen Kunden mehr Anerkennung zu geben, wie eine der Empfehlungen Carnegies lautete. Er sah seine Kartei durch und schickte jedem Kunden ein Dankschreiben. Er notierte sich auch die Nummern der Autos, die bei ihm tankten, fand die Adressen der Besitzer heraus und dankte ihnen, daß sie bei ihm getankt hatten. Das Ergebnis war eindrucksvoll. Die Kunden kamen zu seiner Tankstelle, um ihm für seine Briefe zu danken. Viele sagten, noch nie hätte ein Geschäftsmann ihnen für ihren Einkauf gedankt. Andere machten einen Umweg, nur um bei ihm zu tanken. Ein Vertreter aus einer anderen Stadt wartete mit dem Tanken, bis er zu seiner Tankstelle kam. Und all das trotz niedrigerer Preise der Konkurrenz!"

Dale Carnegie rät nicht nur, Menschen anzuerkennen, sondern dies auch aufrichtig zu tun. Der andere muß spüren, daß wir es ehrlich meinen. Wiederholt warnte Dale Carnegie vor Heuchelei.

Douglas Doran, Besitzer einer Supermarktkette in Kalifornien, hatte Probleme mit seinem fünfundzwanzigjährigen Sohn Tom. „Er leitete eins meiner Geschäfte, und ich fand dauernd etwas an ihm auszusetzen. Ich erwartete, daß seine Filiale perfekt funktionierte, nur weil er mein Sohn war. Bei einer Prüfung stellte ich fest, daß sein Umsatz auf 10.000 Dollar wöchentlich angestiegen, das Geschäft aus den roten Zahlen und Tom außerdem bei Mitarbeitern und Kunden beliebt war. Noch nie hatte ich ihn für eine Leistung gelobt. Als ich das nächste mal in seinen Laden kam, gingen wir in sein Büro, und ich lobte ihn für das, was er erreicht hatte. ‚Wenn du deine Mitarbeiter motivieren könntest, dasselbe zu tun, hättest du mehr Kunden, als du bedienen könntest' fügte ich hinzu. Er stand in seiner ganzen Länge vor mir, Tränen stiegen in seine Augen, und er antwortete: ‚So hast du noch nie mit mir gesprochen. Ich freue mich, daß ich endlich weiß, was du wirklich von mir denkst.' Das war das erstemal seit seiner Kindheit, daß ich wirklich mit meinem Sohn geredet hatte."

G.A. Huebner, Teilnehmer aus Minnesota, wandte die Empfehlung, aufrichtige Anerkennung auszusprechen, in seiner Familie an. Lange Jahre war sein Vater krank gewesen; Mutter, Bruder und Schwägerin lösten sich in der Pflege ab. Als Huebner wieder seinen Vater besuchte, nahm er seine Mutter beiseite, lobte sie für die Pflege des Vaters und sagte ihr, wie dankbar er für Vaters Fortschritte sei. Dann besuchte er Bruder und Schwägerin, lud sie zum Abendessen ein und drückte ihnen seine Anerkennung aus. Vorher hatten Arbeit und Sorge um den kranken Vater die Familie bedrückt, aber durch die ausgesprochene Anerkennung wurden alle wieder fröhlicher und konnten den alten Herrn weiter pflegen.

Viele Chefs sind der Ansicht, Gehaltserhöhungen oder Prämien stellten eine ausreichende Anerkennung für gute Arbeit dar. Timothy Calvert, ein Geschäftsmann aus Maryland, wollte mehr tun als das. Einer seiner Mitarbeiter hatte stets mehr als andere geleistet. Zwar bekam er auch die höchste Prämie, aber durch Geld allein wollte Calvert sein Lob nicht ausdrücken. Also legte er einen persönlichen Brief zum Prämienscheck und erklärte ihm, wie wichtig er für die Firma sei. Der Mann bedankte sich und sagte, diese Anerkennung habe ihn mehr bewegt, als er mit Worten ausdrücken könne.

In einem Artikel, der im *Reader's Digest* zusammengefaßt wurde, schrieb Jane Lindstorm:* „Kalter Frühjahrsregen klatschte ans Fenster und ließ meine ohnehin durch lange Krankheit gedrückte Stimmung noch weiter sinken. Es kamen keine Karten mehr, die mir gute Besserung wünschten. Eine verwelkte Chrysantheme war alles, was mir an Blumen geblieben war. Ich fühlte mich einsam, unbedeutend und von der Welt vergessen, die anscheinend gut ohne mich auskam.

Dann brachte die Post den Gruß einer Lehrerin, die ich jeden Morgen auf dem Schulweg getroffen hatte: ‚Liebe Jane, gleich fängt mein Unterricht an, aber ich muß Ihnen schreiben, ehe meine Schüler kommen. Heute morgen habe ich, wie immer seit Sie krank sind, Ihr Lächeln und Ihren Gruß vermißt. Ich bete, daß Sie bald wieder gesund sind! Vielleicht wundern Sie sich, daß ich Ihnen schreibe, aber die Welt ist für mich weniger fröhlich ohne Sie. Und wie sollten Sie das wissen, wenn ich es Ihnen nicht erzähle?‘

Plötzlich war das lähmende Gefühl der Verlassenheit wie weggeblasen. Jemand vermißte mich, jemand brauchte mich! Das war besser als alle Medizin der Welt!“

Wenn man einem anderen sagt, daß man ihn vermißt, oder daß man ihn nett findet, kann dies eine wertvolle Erfahrung sein, sowohl für den, der die Anerkennung erhält als auch für den, der sie ausspricht.

„Sie können in zwei Monaten mehr Freunde gewinnen, wenn Sie sich wirklich für andere Menschen interessieren, als in zwei Jahren mit dem Versuch, andere für sich zu interessieren. Denn die beste Art, Freunde zu gewinnen, ist selbst ein Freund zu sein!“ Das sagte Dale Carnegie in seinem Buch *Wie man Freunde gewinnt* und

* Jane Lindstorm, *How Will You Know Unless I Tell You?*, These Times, Oktober 1976

er lebte auch danach. Wer ihn traf, war von seinem aufrichtigen Interesse für seine Mitmenschen beeindruckt.

Murray Mosser berichtet, wie er Carnegie zu einem Abschlußbankett in New York begleitete. Sobald Carnegie den Raum betreten hatte, kam eine Kursteilnehmerin auf ihn zu. Er nahm sich Zeit, ihr zuzuhören und auf sie einzugehen. Im Moment war diese Frau die wichtigste Person für ihn im Raum. Als er sich von ihr verabschiedete, wurde er wieder von mehreren Absolventen aufgehalten. Jedem schenkte er seine volle Aufmerksamkeit. Es dauerte fünfundvierzig Minuten, bis er zum Rednerpult kam, aber alle Gesprächspartner hatten sein ehrliches Interesse gespürt und würden es in Erinnerung behalten. In einem Artikel für *Pictoral Review* schrieb Carnegie unter dem Titel *Wie Sie es schaffen, daß die Freunde Ihres Mannes Sie schätzen:* „Fragen Sie sich: Warum sollten seine Freunde Interesse an mir haben, wenn nicht deshalb, weil ich mich für sie interessiere?“ Er beendete den Artikel mit dem Rat: „Wenn Sie einen der Freunde Ihres Mannes nächstesmal treffen, denken Sie daran: Sie sind tausendmal mehr an sich und ihren Dingen interessiert als an mir und meinen Problemen. Seine Zahnschmerzen sind ihm wichtiger als eine Hungersnot in China, an der eine Million Menschen sterben. Ein Furunkel in seinem Nacken beschäftigt ihn mehr als vierzig Erdbeben in Afrika.“ Ein altes Sprichwort faßt Carnegies Rat so zusammen: „Ein Schwätzer redet über andere, ein Langweiler über sich und ein brillanter Gesellschafter über dich!“

Ann Lundin aus Massachusetts berichtete von einem Besuch im Altenheim: „Während mein Mann mit dem Heimleiter sprach, ging ich in den Aufenthaltsraum. Eigentlich hatte ich lesen wollen, aber dann sah ich einen sehr alten Mann. Er hatte viele Falten, saß da auf seinen Stock gestützt und sah niedergeschlagen aus. Normalerweise hätte ich ihn vielleicht nur angelächelt und dann weitergelesen. Aber diesmal gab ich mir einen Ruck, ging zu ihm und begrüßte ihn. Mehr war nicht nötig. Er begann zu reden, erzählte von seiner Kindheit in Maine, blickte auf seine entzündeten Finger und beschrieb die Werkzeuge, die er erfunden hatte, und von denen mehrere patentiert worden waren. Er berichtete von seinen Kindern, die über das ganze Land verstreut lebten und kaum noch Zeit für ihn hatten. Als er von seiner vor zwanzig Jahren verstorbenen Frau sprach, stiegen Tränen in seine Augen.

Nach zwei Stunden kam mein Mann zurück. Ich hatte nicht gelesen, aber ich denke, daß ich etwas viel Wertvolleres erlebt habe, weil ich mich für einen anderen Menschen interessierte und von seinem Leben erfuhr."

Obwohl die meisten Kursteilnehmer sich vor dem Training nicht kennen und sich danach auch höchstwahrscheinlich nicht wieder sehen werden, entwickelt sich ein gewisses Zusammengehörigkeitsgefühl. Absolventen versichern oft, daß ihnen die Unterstützung der anderen Teilnehmer während des Kurses geholfen hat. Diese Solidarität ist Teil des Trainings.

Der Universitätsdozent Dr. Elwell nahm in Memphis an einem Kurs teil und beobachtete: „Unter den Teilnehmern herrschte eine spürbare Zusammengehörigkeit, ja Sympathie. Ich glaube, daß sich diese Menschen mochten. Persönliches Interesse des Kursleiters und die Aufmerksamkeit der Teilnehmer untereinander lassen das Training zu einem unerwarteten Erlebnis werden. Viele Skeptiker, die sich anmeldeten, weil der Chef oder ein Familienmitglied darauf bestanden hatte, wurden durch dieses tiefgreifende persönliche Engagement überzeugt."

Dan Ramsey aus Denver schildert seine diesbezügliche Erfahrung als Kursteilnehmer: „An den ersten Abenden engagierte ich mich nicht. Ich fand es falsch, vor fremden Leuten persönliche Dinge zu berichten. Aber nach einiger Zeit begeisterte es mich wirklich. Ich fing an, mich mit den anderen zu identifizieren. Hier waren Mitmenschen, und dies ließ mich meine Einstellung ihnen gegenüber revidieren. Das tat ich sonst nie. Ehrlich gesagt, konnte ich Menschen nicht leiden. Seit dem Kurs hat sich das geändert."

Dale Carnegies Empfehlung Nr. 5 heißt: „Lächeln Sie!" Lächeln ist ein Zeichen der Freundlichkeit (das menschliche Gegenstück zum Schwanzwedeln des Hundes). Diese Aufforderung zum Lächeln hat jedoch mehr Kritik an der Carnegie Methode hervorgerufen als alle anderen. Selbst Kursteilnehmer verstehen diese Empfehlung manchmal falsch, denn man darf sie nicht stereotyp anwenden. Es gibt Momente, in denen ein Lächeln unpassend ist. Man setzt es auch nicht auf wie einen Hut. Ein echtes Lächeln soll Ausdruck unserer Haltung sein. Man kann sich auch nett und charmant benehmen, ohne eigentlich zu lächeln. Außerhalb einer Anstalt für Geisteskranke wird es sicherlich niemand geben, der ständig lächelt.

Andererseits gibt es Menschen, die fast nie lächeln. Carnegie wurde häufig gefragt, ob man sich auch dann zu einem Lächeln zwingen sollte, wenn einem nicht danach zumute ist. Seine Antwort war, daß ein künstliches Lächeln immer unecht aussähe. Es muß von Herzen kommen, dann ist es in Ihren Augen, Ihrer Stimme und Ihren Bewegungen zu erkennen.

Mit einem Lächeln kann man einen Gegner für sich gewinnen. Sharon MacDonald arbeitete ehrenamtlich in einem Pflegeheim in Connecticut. Sie berichtete von einer älteren Patientin, die dem Personal große Schwierigkeiten machte. Die Schwestern waren kurz davor, sie in eine Heilanstalt einzuweisen. Als die Patientin einmal in ihrem Rollstuhl mit einem Tablett vor sich saß, schlug sie auf das Tablett und versuchte darunter hindurchzukriechen. Sie blieb aber stecken und schrie die Krankenschwestern an. Es gab ein Chaos. Sharon wußte, daß sie gern im Rollstuhl durch den Flur geschoben wurde. Sie ging zu ihr, sah ihr ins Gesicht und lächelte sie an. Verblüfft über das unerwartet freundliche Gesicht in diesem Durcheinander beruhigte sich die Patientin. Sharon redete sanft auf sie ein und schob sie umher. Die Folge war, daß Sharon sie füttern und versorgen konnte.

Dale Carnegie faßt diese Gedanken so zusammen: „Mögen Sie lieber mit griesgrämigen, schlechtgelaunten und unglücklichen Menschen zusammensein oder mit glücklichen, die Freude ausstrahlen? Unsere Stimmung und Einstellung ist nämlich genauso ansteckend wie Masern. Strahlen Sie also das aus, was Sie bei anderen sehen wollen."

„Vergessen Sie nie: Für jeden Menschen ist sein Name das schönste und wichtigste Wort." Diese Empfehlung für bessere zwischenmenschliche Beziehungen wird als erste im Carnegie Kurs angesprochen. Wenn man den Namen eines Menschen kennt, sollte man ihn so oft wie möglich benutzen. In seinem Buch *Wie man Freunde gewinnt* erzählt Carnegie von einem Interview mit James Farley, dem damaligen Vorsitzenden der Demokratischen Partei. „Also stimmt es, daß Sie ca. zehntausend Menschen mit ihren Namen ansprechen können?" fragte Carnegie. „Nein, es sind eher Fünfzigtausend", war die Antwort. Diese Fähigkeit half Farley, Roosevelt ins Weiße Haus zu bringen.

Carnegie-Absolventen sind oft stolz auf ihre Fähigkeit, Namen zu behalten. Sie berichten, wie ihnen dies in Beruf und Privatleben geholfen hat. Paul B. Corman, Geschäftsmann aus Florida, war zu einem großen Fest eingeladen. Als er den Gästen vorgestellt wurde, wiederholte er ihre Namen und hatte bis zum Ende des Festes drei Viertel davon behalten.

Ein anderer Grundsatz für gute zwischenmenschliche Beziehungen heißt: „Seien Sie ein guter Zuhörer. Lassen Sie den anderen von sich selbst erzählen." Das Carnegie Training fördert gutes Zuhören, denn ein Kursteilnehmer hört an jedem Kursabend mindestens zwei Reden jedes anderen Teilnehmers. Das bedeutet, alle Anwesenden hören etwa achtzig Reden und Kommentare. Da die meisten Reden aus persönlichen Erlebnissen bestehen, kann sich jeder Zuhörer mit dem Redner identifizieren und die Bedeutung des Gesagten für sich erkennen.

Ein Kursteilnehmer aus Kentucky war erfolgreicher Grundstücksmakler: „Im Büro gab ich stets mit meinen Verkäufen und meinen Listen an. Dabei wurde ich wohl recht laut. Statt daß meine Kollegen mich bewunderten, nahmen sie es mir übel. Nach dem Kursabend über zwischenmenschliche Beziehungen beschloß ich, nicht mehr so viel anzugeben und lieber den anderen öfters zuzuhören. Jetzt frage ich die Kollegen über ihre Arbeit und höre mir ihre Erfahrungen an. Ich bin erstaunt, wie sich ihre Einstellung mir gegenüber verändert. Sie grüßen mich herzlich, und ich freue mich darauf, mehr von ihnen zu erfahren."

Zuhören kann auch das Familienleben sehr verändern, wie John T. Troupe aus Memphis erfuhr: „Wenn ich von der Arbeit kam, gab ich meiner Frau einen Kuß und fragte: ‚Wie geht's, Schatz?' Dann nahm ich meine Zeitung und las. Ich habe ihr nie richtig zugehört. Oft fragte ich sie im Lauf des Abends nach Dingen, über die sie mir bereits berichtet hatte. Es war ziemlich peinlich. Jetzt höre ich ihr zu. Ich sage immer noch: ‚Wie geht's, Schatz?' und gebe ihr einen Kuß, bleibe dann aber in ihrer Nähe, höre zu und stelle vielleicht ein paar Fragen. Das hat unser Leben wirklich verändert!"

Durch Zuhören werden nicht nur unsere Beziehungen verbessert, wir lernen dabei auch etwas. Terry Johnson erzählte in einem Carnegie Kurs in Arkansas: „Letzten Dienstag sah ich im Büro technische Zeichnungen für Förderbandträger an, die ein junger Ingenieur angefertigt hatte. Bill war fähig, aber unerfahren. Zwei Dinge mußten korrigiert werden. Weil mein Stempel unter diese Zeichnungen gesetzt wird, trage ich die Verantwortung. Ich konnte ihn wohl am ehesten zu den Änderungen bewegen, wenn ich ihm Fragen stellte, durch die er selbst seine Fehler sah. Ich hatte ihn erst zwei- oder dreimal gefragt, als er sah, worauf ich hinauswollte. Sofort war er mit der einen Korrektur einverstanden. Beim zweiten Punkt verlief es anders. Ich fragte weiter, und es stellte sich heraus, daß Bills Lösung besser war als meine."

Die meisten Menschen brauchen jemand, der ihnen zuhört. Psychologen, Berater und Seelsorger wissen, daß es bereits eine Hilfe darstellt, wenn man mit einem anderen über sein Problem spricht.

Fred Kaplan, Kursteilnehmer in New York, begleitete eines Tages seinen Vater zum Zahnarzt und nahm sich vor, Carnegies Rat zu befolgen: „Seien Sie ein guter Zuhörer. Lassen sie den anderen von sich selbst erzählen." Statt über sich zu reden, interessierte sich Fred für die Erzählungen seines Vaters. „Als wir in die Praxis kamen, war der Warteraum leer. Ungefähr fünf Minuten vergingen, dann geschah es: Vater legte seine Hand auf mein Knie und sagte: ‚Danke, Fred!' Ich fragte: ‚Wofür, Vater?' und die Antwort war: ‚Weil du mir zugehört hast.' Ich war sprachlos und kann gar nicht beschreiben, was ich empfand. In seinen Augen waren Tränen, selten waren wir uns so nah gewesen."

„Wenn Sie möchten, daß andere Sie mögen, dann bestärken Sie sie in aufrichtiger Weise in ihrem Selbstbewußtsein!" Diese Empfehlung hat sich in vielen zwischenmenschlichen Beziehungen als richtig erwiesen; im Beruf, mit Freunden, in Familie oder Gesellschaft. Jeder kennt Menschen, die er ehrlich bewundert.

Tom Lipe, jetzt Dale Carnegie Lizenzträger in Florida, war jahrelang Polizeioffizier in Miami. Er berichtet von einem komplizierten Fall: „Ich zog John MacLendon hinzu, einen alten Hasen, der seit Jahren für uns gearbeitet hatte. Als er kam, sagte ich zu meinen Mitarbeitern: ‚Ich stelle einen der besten Männer unseres Reviers zur Mitarbeit ein. Ich könnte die Arbeit nicht so gut tun wie er.' Am nächsten Tag kam er in mein Büro mit den Worten: ‚Chef, ich bin Ihnen wirklich dankbar für das, was Sie über mich gesagt haben.' Ehrlich konnte ich ihm antworten: ‚Was ich sagte stimmt, Sie sind ein besserer Detektiv als ich und haben mehr Erfahrung beim Ermitteln solcher Fälle.' Das machte es den Männern leicht, Tom als ihren Chef anzuerkennen, obgleich er viel jünger war als sein Vorgänger."

Viele Empfehlungen Carnegies für bessere zwischenmenschliche Beziehungen sind eng miteinander verknüpft, z.B.: „Achten Sie die Ansichten des anderen. Lassen Sie den anderen sein Gesicht wahren. Setzen Sie eine anständige Gesinnung voraus. Diese Empfehlungen werden oft gleichzeitig angewandt.

Ronald C. Voss, ein Kursteilnehmer aus Minneapolis, erzählt von seiner Enttäuschung über die schlechten Zeugnisnoten seines ältesten Sohnes Michael, der eigentlich ein guter Schüler war. Der Lehrer fand, daß Michaels Leistungen nicht seinen Fähigkeiten entsprachen und er eine negative Einstellung zum Lernen hatte. Michael war niedergeschlagen und versprach, bis zum nächsten Zeugnis fleißiger zu arbeiten. Um seine beiden anderen Kinder fair zu behandeln, sah sich Ronald auch deren Zeugnisse an, die zufriedenstellend waren. Auf den Platz für Bemerkungen der Eltern schrieb Ronald auf Michaels Zeugnis: „Wir haben mit Michael gesprochen und denken, daß er sich hundertprozentig verbessern wird." Auf die anderen Zeugnisse machte er den Vermerk: „Meine Frau und ich sind stolz auf diese Leistungen." Die nächsten Zeugnisse zeigten, daß Michael sich wesentlich verbessert hatte, auch in seiner Einstellung zur Schule. Die Noten der beiden anderen Kinder waren ebenfalls besser geworden.

Jim Wilson aus Michigan wandte dieselbe Empfehlung bei seiner Assistentin an. Die intelligente junge Frau arbeitete in der Kunstabteilung seiner Firma. Während ihrer Probezeit war ein Mitarbeiter nicht mit ihr zufrieden, obwohl alle anderen ihre Arbeit schätzten. „Ich wollte ihm nicht einfach sagen, er müsse sich an den Gedanken gewöhnen, auch in Zukunft mit ihr zu arbeiten. Das hätte die Atmosphäre zwischen den beiden erst recht verschlechtert. Stattdessen ging ich in sein Büro und versicherte ihm, wie dankbar ich für seine Überstunden war. Ich lobte seine Arbeit und seinen Einsatz. Dann fügte ich hinzu: ‚Sie brauchen wirklich dringender als jeder andere eine Assistentin. Wenn Sie eine lernwillige und strebsame Assistentin hätten, wäre Ihnen geholfen.' Ich appellierte an seine Anständigkeit und erinnerte ihn daran, daß wir durch unsere Erfahrung verantwortlich für die jungen Menschen waren. Er sah sich plötzlich als Lehrer. Nach ein paar Tagen kam die junge Frau in mein Büro und erzählte, wie freundlich er ihr seine Hilfe bei einem Projekt angeboten hatte, an dem sie gerade arbeitete."

Die Kursteilnehmer berichten darüber, wie sie die Empfehlungen für bessere zwischenmenschliche Beziehungen angewandt haben. Ein Geschäftsmann aus Kalifornien, W.H. Hiatt, hatte Schwierigkeiten, einem viel älteren Mitarbeiter Anweisungen zu geben. „Meine Aufgabe ist, für die Verschiffung unserer Produkte zu sorgen. Unser Sachbearbeiter reagierte sauer auf Anweisungen von Jüngeren. Wenn ich sagte: ‚George, wir wollen dies oder jenes tun', lehnte er sich auf: ‚Ich bin doch kein Rekrut!' Auf dem Weg zum Kursabend dachte ich darüber nach. Gab es einen Rat von Dale Carnegie für meine Situation? Ich nahm mir vor: ‚Achten Sie die Ansichten des anderen. Sagen Sie niemand (unverblümt), daß er unrecht hat.' Ich fing an, George nach seiner Meinung zu fragen, z.B. was wir tun könnten, um unsere Eilaufträge pünktlich zu erledigen. Es war erstaunlich, wie anders er reagierte. Wir hatten nicht nur weniger Schwierigkeiten miteinander, wir lernten auch, uns gegenseitig zu respektieren und sogar, uns zu mögen!"

Ein anderer Kursteilnehmer, W.S. Blakeman aus Kentucky, sah einen Mitarbeiter mit den Füßen auf dem Schreibtisch vor sich hindösen. Auf Blakemans Schreibtisch türmte sich die Arbeit, und am liebsten hätte er den anderen scharf kritisiert. „Meine Aufgabe für den nächsten Kursabend war, einem anderen das Gefühl von Wichtigkeit zu geben. Deshalb beschloß ich, diesmal anders zu handeln. Nach ein paar einleitenden Worten erklärte ich, daß die Arbeit immer auf meinem Schreibtisch landete und ich sie nicht schaffen konnte. Ich fragte meinen Kollegen: ‚Haben Sie eine Idee, wie wir das ändern können?' Wir besprachen seine verschiedenen Vorschläge, dann sagte er: ‚Wissen Sie, vielleicht kann ich Ihnen etwas abnehmen.' Von sich aus gab er zu, daß er nur herumgesessen hatte, ohne daß ich ein Wort darüber zu sagen brauchte. Nach unserem Gespräch war er bereit, produktiver zu sein. Ich hatte mein Ziel erreicht, ohne ihn anzugreifen oder mir zum Feind zu machen."

Vielen Menschen fällt folgende Empfehlung am schwersten: „Wenn Sie Unrecht haben, geben Sie es schnell und nachdrücklich zu." Manche halten das für ein Zeichen von Schwäche. Aber das Gegenteil ist der Fall. Denn wenn man unrecht hat, ist es klüger, dies zuzugeben. Der nächste Schritt ist dann einfacher. Gute zwischenmenschliche Beziehungen müssen auf Ehrlichkeit aufgebaut sein, und das Erkennen eigener Fehler ist ein Schlüssel dazu.

Das wird auch aus dem Beispiel deutlich, das Frau Simmons, eine Lehrerin aus Sacramento, erzählte: „Eines Tages fühlte ich mich nicht wohl und war gereizt. Ich warnte die Klasse, es ginge mir nicht gut, und sie sollten sich entsprechend benehmen. Ein Junge war schon immer schwierig gewesen, aber an diesem Tag nervte er mich besonders. Ich schüttelte ihn und sagte: ‚Geh auf den Flur, ich will dich eine Weile nicht sehen!' Später erkannte ich, daß dies ein Fehler gewesen war, ich war zu empfindlich gewesen. Nachdem ich ihn zurückgeholt hatte, sagte ich zu allen: ‚Kinder, ich möchte mich bei euch entschuldigen, daß mir der Kragen geplatzt ist. Es tut mir leid, besonders für Ron. Ich werde versuchen, mehr Geduld zu haben.' Der Rest des Tages verlief viel besser. Meine Warnung, ich fühle mich nicht wohl und erwartete gutes Benehmen, hatte sich negativ ausgewirkt. Aber als ich meinen Fehler eingestand, benahmen sie sich wirklich gut. Ich denke, daß ich der erste Lehrer war, der sich bei ihnen entschuldigt hat."

Die Anwendung dieser Empfehlung hat schon mancher Firma Kunden erhalten. Robert Peck, Vertreter eines Klimaanlagenherstellers, war in einer unangenehmen Situation: Ein Kunde hatte Ventilatoren bestellt, deren Auslieferung vergessen worden war. Wütend versicherte der Kunde, er werde nicht nur keine weiteren Geschäfte mehr mit Pecks Firma abwickeln, sondern sie auch verklagen, weil er seine Verträge deshalb nicht einhalten könnte. Peck ließ ihn ausreden und sagte dann: „Sie haben recht. Diese Behandlung haben Sie nicht verdient. Sie sind einer unserer besten Kunden. Der Fehler lag eindeutig bei uns. Jetzt werden wir unser möglichstes tun, um den Schaden wieder gutzumachen. Ich werde einen Lastwagen mieten und Ihnen die Ventilatoren persönlich bringen." Das besänftigte den Kunden. Er beschwichtigte: „Das ist nicht nötig, ich werde an anderer Stelle weiterarbeiten, um den Ausfall aufzufangen." Peck versicherte, daß er vor dem Kurs bestimmt in die Luft gegangen wäre oder versucht hätte, die Schuld auf andere zu schieben. Weil er aber seinen Fehler eingestand, erhielt er der Firma den Kunden.

Jeder Vertreter weiß, daß er nur dann etwas verkauft, wenn der Käufer dazu bereit ist. Er versucht deshalb, den Käufer zu motivieren, auf seine Eingangsfragen mit „Ja" zu antworten. Manche empfinden das als Manipulation. Dale Carnegie war anderer Meinung. Eine positive Atmosphäre ist die Basis für erfolgreiche Verhandlungen. Wenn Carnegie empfiehlt: „Lassen Sie den anderen ‚Ja! Ja!' sagen", folgt er einem Prinzip, das schon Sokrates anwandte. Sokrates sagte den Menschen nie direkt, wenn sie Unrecht hatten. Er stellte ihnen Fragen, denen sie zustimmen mußten. So bekam er ein „Ja" nach dem anderen und fragte weiter, bis der andere schließlich selbst zu dem Schluß kam, den Sokrates geplant hatte.

Diese Methode wird im Carnegie Training angewandt. Die Kursleiter arbeiten in einer Atmosphäre der Anerkennung. Sie kritisieren nie negativ, sondern ermuntern ihre Teilnehmer durch einen positiven Ansatz. Das hilft den Teilnehmern, ihre gesetzten Ziele zu erreichen. Es ist auch ein guter Ansatz für die Verbesserung zwischenmenschlicher Beziehungen.

Die Empfehlung „Lassen Sie den anderen die Kosten der Unterhaltung bestreiten!" wird oft von Vertretern befolgt. George Olsen, Abteilungsleiter in Florida, wußte, daß er zu viel redete und dadurch schon manches Geschäft verdorben hatte. Um sich an die Empfehlung Carnegies zu erinnern, klebte er die Zeichnung eines kleinen Mannes mit riesigem Gebiß in seinen Aktenkoffer. Sein Blick fiel immer darauf, sobald er den Koffer öffnete. Er berichtet: „Ich wollte mit einer Firma einen wichtigen Vertrag abschließen und besuchte den Einkaufsleiter. Als ich ihm Fragen stellte und die Möglichkeit zu sprechen gab, verstand ich erst richtig, was er wollte. Ich ließ ihn die meiste Zeit reden und bekam den Auftrag."

Allan Meyers war wütend. Er hatte sich gerade seinen ersten Sportwagen gekauft und wollte ihn ausprobieren. Der Mechaniker hatte ihm zwar versprochen, der Wagen würde am Mittwoch fertig sein, aber nun wurde er auf Montag vertröstet, doch auch dann war das Auto nicht bereit. Allan war nahe dran, in die Luft zu gehen. Aber dann erinnerte er sich an sein Carnegie Training und ging die Sache freundlicher an. Auf seine Frage, ob es besondere Probleme gäbe, erfuhr er, daß sein Mechaniker der Freiwilligen Feuerwehr angehörte, die dieses Wochenende wegen eines Tornados in die Nachbarschaft gerufen worden war. Der Mann hatte die ganze Nacht nur zwei Stunden geschlafen und konnte nicht an Allans Auto weiterarbeiten. Allan ließ sich alles über den Tornado, die Rettungs- und Bergungsarbeiten berichten. Dann sagte er, es täte ihm leid und er könne gut verstehen, daß das Fahrzeug nicht fertig sei, obwohl er es natürlich gerne möglichst schnell hätte. Am nächsten Tag rief der Mechaniker Allan an, das Auto sei fertig.

Wie hat Allan das erreicht? Der Mechaniker erzählte ihm, daß er trotz der vielen Arbeit um 5.30 Uhr angefangen habe, an Allans Auto zu arbeiten. Ja, er habe sich dann noch die Mühe gemacht, Allan anzurufen, damit er noch abends seinen neuen Wagen ausprobieren könne. Statt Druck auf den Mechaniker auszuüben, hatte Allan einen Freund gewonnen, indem er sich seine Geschichte anhörte.

Patricia Pitkin aus Colorado benutzte dieselbe Empfehlung, um einen älteren Geschäftsführer zur Unterstützung des Frauenprogramms ihrer Firma zu bewegen. Sie wußte, daß er dagegen war, denn er hatte oft gesagt, Frauen gehörten in den Haushalt. „Als ich in sein Büro kam, sah ich dort schöne Bilder mit Szenen aus Afrika. Dazu machte ich eine Bemerkung, und er erzählte mir, wie und warum er sie erworben hatte. Dann fragte ich ihn, was ihm an unserem Frauenprogramm gefiel und was nicht. Ich stimmte ihm zu, wo immer ich konnte, stellte viele Fragen und ließ ihn oft zu Wort kommen. Im Lauf der Diskussion erwähnte ich einmal, auch ich sei von der alten Schule, wo man für sein Geld arbeiten müsse und nichts geschenkt bekomme. Wir beendeten die Besprechung 20 Minuten später als geplant. Am nächsten Tag erwähnte er unser Gespräch den anderen Direktoren gegenüber und sicherte uns deren Unterstützung für das Frauenprogramm."

Dale Carnegie sagt, daß jeder erfolgreiche Mensch die Herausforderung liebt. Deshalb rät er: „Wenn Sie einen intelligenten Menschen für Ihre Ideen gewinnen wollen, dann fordern Sie seine Fähigkeiten heraus!"

M.K. Finley nahm am Dale Carnegie Kurs im Staat New York teil. Ihm half diese Empfehlung, einen neuen Geschäftsführer aufzubauen. „Mein Mitarbeiter Bruce sollte möglichst schnell zum Geschäftsführer ausgebildet werden. Leider hatte er Schwierigkeiten, Angefangenes zu Ende zu bringen. Viele gute, kreative Ideen gingen deshalb verloren. Es hieß dann, Bruce habe das Problem nicht gelöst. Ich fragte ihn, ob er mein Geschäft leiten könne und wollte ihn damit herausfordern. Falls er ablehnte, wollte ich den Grund herausfinden. Im Falle seiner Zustimmung mußte er dies beweisen. Er sagte Ja.

Also bat ich ihn, mein Geschäft in der nächsten Woche zu übernehmen und alle Entscheidungen allein zu treffen. Allerdings würde ich in der Nähe sein, falls er meinen Rat brauchte. Es stellte sich heraus, daß Büroarbeiten liegenblieben. Auf seinem Schreibtisch herrschte Durcheinander, Papiere waren ungeordnet, Ware nicht bestellt worden. Niemand wußte genau, was getan werden sollte. Als wir die Probleme analysiert hatten, rückten wir ihnen zu Leibe und lösten sie schrittweise.

Jetzt führt Bruce mein Geschäft noch immer, das gibt mir Zeit für andere Projekte. Wir haben gelernt, einander zu verstehen. Wenn er sein eigenes Geschäft bekommt, wird er mir fehlen, aber er wird ein kompetenter Geschäftsführer mit viel Selbstvertrauen sein."

Es gehört Mut dazu, solch eine Herausforderung auszusprechen, und noch mehr Mut, sie anzunehmen. Sie müssen dem Menschen vertrauen, den Sie herausfordern, und was am wichtigsten ist, Sie brauchen auch Selbstvertrauen.

Fordert man einen Teenager heraus, erzielt man oft gute Ergebnisse. James F. Bettle hatte eine Aussprache mit seiner Tochter Chris: „Nachdem Chris drei Jahre im Schulorchester Klarinette gespielt hatte, wollte sie am Ende des Halbjahres damit aufhören. Das überraschte mich, denn sie hatte oft begeistert von der Anerkennung erzählt, die das Musizieren ihr eingebracht hatte. Plötzlich hielt sie es jedoch für langweilig. Normalerweise gibt Chris nicht so schnell auf, sondern bringt Dinge auch zu Ende. Ich sagte, die Entscheidung hinge von ihr ab. Es sei schon eine Leistung, wenn sie das Semester noch beendete. Ich erinnerte sie an andere Leistungen und Anstrengungen der Vergangenheit; sie war auch eine gute Reiterin und Schwimmerin. Nach einer Denkpause sagte sie stolz: ‚Papa, ich gebe nicht auf. Ich bleibe beim Orchester!' Chris hatte die Herausforderung angenommen. Sie kann jetzt mit dieser Entscheidung leben, denn es ist ihre eigene."

Wie motiviert man andere, bessere Beziehungen zu ihren Mitmenschen aufzubauen? Offensichtlich genügt es nicht, Dale Carnegies dreißig Empfehlungen für gute zwischenmenschliche Beziehungen auswendig zu lernen. Seine Philosophie basiert auf der Praxis. Wie die meisten anderen Aspekte des Kurses erfordert auch das Training der zwischenmenschlichen Beziehungen eine Änderung der Einstellung. Es ist kein Wissensgebiet, das man allein theoretisch beherrscht. Man muß täglich daran arbeiten. Dazu gehören ein verständnisvoller Kursleiter, kooperative Teilnehmer und Gelegenheiten, die Empfehlungen im Alltag und im Kurs anzuwenden. Oft identifiziert sich ein Teilnehmer mit den Problemen eines anderen und erkennt, daß er Haltung, Benehmen oder sogar seine ganze Lebenseinstellung ändern muß.

Eine Kursteilnehmerin aus dem Staat New York erzählte, daß ihre achtzigjährige Großmutter bei ihnen wohne. Die alte Dame bestand darauf, alles allein zu schaffen. „Dafür erwartet sie wohl liebevolle Anerkennung von uns. Das habe ich nie richtig verstanden, bis ein anderer Teilnehmer darüber sprach, wie er seiner alten Verwandten half, indem er sich aufrichtig für sie interessierte. Das hat seine Beziehung zu ihr völlig verändert. Da mußte ich an meine Großmutter denken. Seitdem habe ich viel Zeit mit ihr verbracht, und wir sind beide viel glücklicher."

Fast an jedem Kursabend berichten einige Teilnehmer, sie wünschten, sie hätten diese Empfehlungen schon früher angewandt, als ihre Eltern noch lebten: „Ich habe meinem Vater nie dafür gedankt, was er für uns getan hat." oder: „Nie sagte ich meiner Mutter, wie lieb ich sie habe. Jetzt ist es zu spät." Noch können wir das Leben anderer durch Anwendung der Empfehlungen von Dale Carnegie bereichern z.B. einen Feind zu einem Freund machen.

Jeffrey Richards aus Boston berichtet: „Eines Morgens wachte ich auf und war wie immer in Eile. Ich stritt mit meiner Frau, weil das Haus nicht richtig aufgeräumt war. Gereizt lief ich aus dem Haus. Später kam ein guter Freud in mein Büro und erzählte, er sei gerade geschieden worden. Ich kannte seine Frau, sie hatten etwa zur gleichen Zeit geheiratet wie wir. Könnten vielleicht ihre Probleme auch Eileen und mich auseinanderbringen? Hätte mein Freund mit den Empfehlungen für bessere zwischenmenschliche Beziehungen seine Ehe retten können? Es kam mir in den Sinn, wie ich heute morgen und an vielen anderen Tagen mit meiner Frau geredet und nicht versucht hatte, die Dinge aus ihrer Sicht anzusehen. Schließlich waren wir eine große Familie, Haus und Hund gaben ihr zusätzlich zu tun. Also ging ich zum Telefon: ‚Eileen, ich ruf' dich nur an, um dir zu sagen, daß ich dich liebhabe.' Dies war der Wendepunkt unserer Ehe."

Michael Chung, Lizenzträger des Dale Carnegie Trainings in Hong Kong, begegnet ganz anderen Problemen, die durch die chinesische Kultur auftreten. In einem seiner Kurse war ein Mann mittleren Alters, dessen Sohn sich ihm seit Jahren entfremdet hatte. Der Vater war opiumsüchtig gewesen, jetzt aber geheilt. Nach chinesischer Sitte kann ein älterer Mensch nicht den ersten Schritt tun. Deshalb fand der Vater, es sei Angelegenheit seines Sohnes, die Versöhnung herbeizuführen. Er sprach auch über seine Enkelkinder, die er nie gesehen hatte. Die anderen Kursteilnehmer verstanden seinen Konflikt nur zu gut.

Gegen Ende des Kurses berichtete der Vater: „Ich habe nachgedacht. Dale Carnegie rät: ‚Wenn Sie Unrecht haben, geben Sie es schnell und nachdrücklich zu.' Mein

Sohn hatte recht, wenn er mich nicht sehen wollte, denn ich habe ihm unrecht getan. Vielleicht kann ich mein Gesicht verlieren, wenn ich ihn um Verzeihung bitte. Aber es war mein Fehler, und ich muß das zugeben." Bewegt applaudierte ihm die Gruppe. Eine Woche später berichtete er, wie er seinen Sohn um Verzeihung gebeten habe. Das Ergebnis war eine neue Beziehung zum Sohn, zur Schwiegertochter und den Enkelkindern, die er nun endlich kennenlernte.

Ein Kursteilnehmer aus Kalifornien sagte am ersten Kursabend, er wolle ein besserer Redner werden. Sein Auftreten und offensichtliches Selbstbewußtsein gaben dem Kursleiter den Eindruck, daß da tiefere Probleme waren, als der Mann zugeben wollte. Nach ein paar Wochen sagte er: „Ich dachte, mein Problem sei die Kommunikation, aber es ist nicht meine Unfähigkeit zu sprechen, sondern zuzuhören! Ich war gezwungen, Ihnen zuzuhören. Statt daß es – wie sonst immer – zum einen Ohr hereinging und zum anderen hinaus, hörte ich diesmal wirklich zu. Ich habe auch etwas gelernt, als ich den Kursleiter beobachtete. Er war wirklich an unseren Berichten interessiert und brachte uns alle dazu, aufeinander einzugehen. Diese Einsicht versuche ich nun in meinem Leben umzusetzen, und die Menschen reagieren jetzt ganz anders auf mich als früher!"

Viele Kursteilnehmer lernen sich selbst besser kennen, während sie über die Aspekte ihres Lebens nachdenken, über die sie reden wollen. Andere bitten den Kursleiter oder seinen Assistenten, ihnen bei der Formulierung ihrer Gedanken zu helfen.

Die meisten Kursteilnehmer sind keine „Problemfälle", sondern durchschnittliche Menschen, die an sich arbeiten und durch den Kurs noch erfolgreicher werden wollen.

„Ich war schon vor dem Kurs ein erfolgreicher Verkäufer“, berichtet Donald M. Fordyce aus New York. „Mein Problem war, daß ich von meinen Mitarbeitern zu viel verlangte. Sie blieben nicht, weil ich mir jeden zum Feind machte, von den Sekretärinnen bis zu den Verkäufern. Ich wollte mehr Erfolge haben, als ich allein hätte erreichen können, und dazu brauchte ich sie. Seit ich Carnegies Empfehlungen anwende, unterstützen sie mich, statt mir Steine in den Weg zu legen. Das hilft der Firma und mir.“

Jeder Kursteilnehmer erhält das *Kleine Goldene Buch* mit den wichtigsten Empfehlungen aus den Büchern *Wie man Freunde gewinnt* und *Sorge dich nicht – lebe*. Viele Absolventen tragen es stets bei sich. Häufig erbitten sie ein neues Exemplar, weil ihr altes verlorengegangen ist oder sich aufgelöst hat. Man kann Verkäufer beobachten, die es im Büro ihrer Kunden lesen, während sie auf einen Termin warten. Einer sagte: „Ganz gleich, wie lange ich warten muß; wenn ich dabei das *Kleine Goldene Buch* lese, bin ich immer gut vorbereitet. Eigentlich weiß ich's ja auswendig, aber das Lesen baut mich auf.“ Paul Gorman aus Florida findet, daß das *Kleine Goldene Buch* als Erinnerungsstütze genau die richtige Größe hat. „Für mich ist es wichtig, daß ich darüber spreche, was den anderen interessiert. Also unterstreiche ich diese Empfehlung. Wenn ich es öffne, werde ich daran erinnert, diese Empfehlung anzuwenden.“

Phil Deane, Carnegie Lizenzträger in Tennessee, organisierte die ersten Kurse in Venezuela. Weil es keinen spanischsprachigen Kursleiter gab, waren die ersten Kurse auf englischsprachige Teilnehmer beschränkt. Ein Teilnehmer, Hedley Scott, brachte seine Frau Helen als Gast mit. „Als sie aufstand und sich vorstellte, war ich von ihrer angenehmen Stimme beeindruckt“, berichtet er. „Mir war klar, daß sie keinen Unterricht in Rhetorik brauchte. Trotzdem nahm sie am Kurs teil und arbeitete gut mit. Am letzten Abend begann sie ihre Rede mit den Worten: ‚Gott sei Dank für den Dale Carnegie Kurs!' Ich fand das reichlich pathetisch, und sie fuhr fort: ‚Durch den Kurs bin ich ein besserer Mensch, eine bessere Ehefrau, eine bessere Mutter und bessere Nachbarin geworden!'"

Dale Carnegie versprach keine Wunder. Auch seine Nachfolger garantieren nicht, daß jemand automatisch ein besserer und glücklicherer Mensch wird, wenn er sich nach Carnegies Empfehlungen richtet. Es gibt Kursteilnehmer, die ihre alten Gewohnheiten beibehalten und wenig vom Kurs profitieren. Nur die, die das Gelernte auch wirklich anwenden, finden heraus, daß es funktioniert.

Dale Carnegie gab zu, daß seine Empfehlungen nicht alle Probleme lösen. Er bedauerte, das letzte Kapitel des Buches *Wie man Freunde gewinnt* nie geschrieben zu haben. Darin wollte er sagen: „Es gibt Augenblicke, in denen keine meiner Empfehlungen funktioniert, z.B. wenn man ins Gefängnis kommt, verprügelt oder geschieden oder vor Gericht angeklagt wird. Grundsätzlich gilt: Jeder Mensch hat ein Recht auf gute Behandlung. Es gibt aber Situationen, in denen höfliches Verhalten nicht zu besseren zwischenmenschlichen Beziehungen führt. Wenn man angegriffen wird, ist vielleicht die beste Reaktion Selbstverteidigung und Selbstschutz." Wenn man Carnegies Empfehlungen anwendet, lassen sich diese Situationen jedoch auf ein Mindestmaß beschränken.

Gute Wartung verlängert die Lebensdauer jeder Maschine. Gute Pflege der zwischenmenschlichen Beziehungen sorgt dafür, daß dieser wichtige Bereich des Lebens stimmt und der Umgang mit all den Menschen, mit denen wir täglich zu tun haben, reibungsloser und erfreulicher vonstatten geht.

7

Die Empfehlungen für zwischenmenschliche Beziehungen auf das Berufsleben anwenden

Mit einer positiven Einstellung läßt sich auch die unangenehmste Arbeit leichter schaffen. Ihr Chef möchte, daß Sie sich für Ihre Arbeit interessieren, damit das Unternehmen Erfolg hat. Aber vergessen wir mal seine Anliegen. Bedenken Sie, daß Sie etwa die Hälfte Ihrer wachen Zeit mit Arbeit verbringen. Wenn Sie dabei unglücklich sind, wird auch der Rest Ihres Tages davon beeinflußt werden. Wenn Sie jedoch Interesse für Ihre Arbeit entwickeln, wird Sie das beleben und sich auf lange Sicht möglicherweise positiv auf Ihre Karriere auswirken. Aber selbst wenn dies nicht zutreffen sollte, werden Sie abends frischer sein und Ihre Freizeit eher genießen können.

Dale Carnegie

Die Fähigkeit, gute zwischenmenschliche Beziehungen aufzubauen, ist Grundlage erfolgreicher Geschäftsführung. Weil mit Carnegies Empfehlungen Führungsqualitäten gefördert werden können, wurde das Dale Carnegie Management Seminar entwickelt. Ursprünglich ein Training für die Führungskräfte der Dale Carnegie Organisation, war es jedoch so erfolgreich, daß es ab 1967 öffentlich angeboten wurde. Seitdem haben mehr als vierzigtausend Menschen in den USA, Japan, Brasilien, Spanien, Deutschland, Australien, Neuseeland, Kanada, Argentinien, Island, England, Frankreich, Schweiz. Dänemark, Hong Kong und vielen anderen Ländern daran teilgenommen.

Am Abend des 20. Juli 1972 beendeten dreiundzwanzig leitende Angestellte der Firma Piper Aircraft Co. ihr Management Seminar. Draußen wehte ein stürmischer Wind. Der Seminarleiter unterbrach die Abschlußfeier, damit die Teilnehmer heimgehen konnten, ehe der Sturm sich weiter verschlimmerte. Dieser Sturm war Vorbote des Hurrikans Agnes, eines der schlimmsten im Osten der USA.

Nach dem Hurrikan sah die Gegend wie ein Schlachtfeld aus. Es gab 134 Tote, der Sachschaden betrug 1,7 Milliarden Dollar. Die Flugzeugfabrik war eine Ruine; Flugzeuge, Lagerbestände, Gebäude und Ausrüstung im Wert von 23 Mio. Dollar waren zerstört. Die Fließbänder standen ca. 1 m unter Wasser, die von der Flut erfaßten Flugzeuge waren nicht mehr zu reparieren. Lagerbestände und Fabrik waren mit Schlamm bedeckt. Werkzeuge, Akten und Dokumente fehlten entweder oder waren unbrauchbar.

Direktor Mergen berichtet: „Als wir uns vom ersten Schock erholt hatten, beschlossen meine Leute, das Werk wieder aufzubauen und so bald wie möglich mit der Produktion zu beginnen. Günstigenfalls konnten wir frühestens im Dezember wieder produzieren und Flugzeuge liefern."

Da alle leitenden Mitarbeiter gerade das Management Seminar absolviert hatten, wandten sie beim Wiederaufbau das eben Gelernte an. Sie untersuchten eine Abteilung nach der anderen und erstellten Arbeitspläne. Sie setzten sich Ziele, unterteilten sie in einzelne Schritte und informierten ihre Mitarbeiter darüber.

Findley Estlick, stellvertretender Direktor, sagte: „Bei den Mitarbeiterbesprechungen wandten wir die Managementtechniken aus dem Seminar an und erhielten bald 30-40 konstruktive Vorschläge als Basis für die Reorganisation."

Der technische Leiter John R. Piper erinnert sich: „Alle wurden aufgefordert, sich zu beteiligen. Weil wir in einer zielorientierten Atmosphäre arbeiteten, engagierten sich alle Mitarbeiter. Sie erkannten den Zusammenhang zwischen ihren Tätigkeiten und dem Gesamtplan. Dadurch wuchs ihre Begeisterung, und sie wurden kooperativer, denn dies war ja ihr Programm. Die Abteilungsleiter arbeiteten eng mit ihren Mitarbeitern zusammen, analysierten die Probleme systematisch und trafen ihre Entscheidungen. Trotz fast unüberwindlicher Probleme war das Betriebsklima gut, jeder gab sein Bestes."

Direktor Mergen faßt das Ergebnis zusammen: „Die Kommunikation unter den Mitarbeitern war schnell und effektiv. Zusammenarbeit, Motivation und persönliches

Engagement waren besonders groß. Aufgrund des Seminars klappte die Zusammenarbeit auch unter den Abteilungen. Schon im September konnten wir wieder Flugzeuge liefern – drei Monate vor dem geschätzten Termin!“

Wie alle Dale Carnegie Programme baut das Management Seminar auf der Mitarbeit seiner Teilnehmer auf. Diese kommen aus leitenden Positionen, aus Fertigungsbetrieben, Banken, Einzelhandelsgeschäften, Krankenhäusern, Schulen, Regierungsbehörden und gemeinnützigen Organisationen. Einige Firmen schicken alle leitenden Angestellten in das Seminar, andere – wie Piper – bieten es firmenintern an.

Die Grundidee des Seminars ist: Wirkungsvolles Management besteht darin, gemeinsam vereinbarte Ziele mit Hilfe motivierter Mitarbeiter zu erreichen. Dazu dienen die Grundfunktionen des Managements: Planen, Organisieren, Leiten, Koordinieren, Kontrollieren und die persönlichen Fertigkeiten, die im Management entwikkelt werden können wie kreatives Denken, Motivation, Delegieren, Problemanalyse, Entscheidungsfindung und Kommunikation.

Ein Ziel des Management Seminars ist es, Probleme kreativ zu lösen. Die Teilnehmer arbeiten dabei schon während, aber auch nach dem Seminar, an ihren eigenen Projekten. Sie setzen kreatives Denken z.B. für die Aufgabe ein, dem Unternehmen bei gleichbleibender oder erhöhter Effizienz Kosten zu sparen.

Ein Teilnehmer aus einem staatlichen Versorgungsbetrieb überlegte, wie er seiner Firma helfen könnte, Geld zu sparen. Als er seinen Kofferraum öffnete, um den Aktenkoffer und die Seminarunterlagen hineinzulegen, sah er das Ersatzrad. „Ich starrte das Rad an, das ich sicher schon tausendmal gesehen hatte. Mir fiel ein, daß es gänzlich überflüssig war, denn nach den Richtlinien unserer

Firma dürfen wir bei einer Reifenpanne das Rad nicht einmal anfassen, sondern müssen eine Werkstatt anrufen. Alle unsere siebenhundert Firmenwagen haben Ersatzräder im Kofferraum. Wir könnten eine Menge Geld sparen, denn die Mechaniker können gegebenenfalls ja ein Ersatzrad mitbringen." Hier hat also die Änderung einer seit langem bestehenden Situation geholfen, große Kosten einzusparen.

Der Schlüssel zu größerer Produktivität liegt oft in guter Planung und wirksamer Kontrolle. Die Teilnehmer erstellen einen persönlichen Managementplan und werden angeleitet, sich zu kontrollieren, um den Erfolg des Planes zu garantieren.

Doch die wichtigste Änderung der Seminarteilnehmer liegt in ihrer Einstellung zu ihren Mitarbeitern. Bereichs- und Abteilungsleiter werden aufgefordert, mehr Verantwortung zu delegieren. Sie lernen, Mitarbeiter zu fördern, indem sie ihnen Gelegenheit geben, eigene Problemlösungen auszuarbeiten.

Alan Beatty, stellvertretender Abteilungsleiter, faßte sein persönliches Seminarergebnis so zusammen: „Ich beobachtete, daß die Seminarteilnehmer selbstsicherer geworden sind, eher bereit, ihre Probleme anzupacken, statt sie unter den Teppich zu kehren. Ich denke auch, daß sie Mitarbeitern gegenüber mehr Verständnis entgegenbringen, ihnen bei der Einarbeitung helfen und sie besser motivieren."

Hauptziel des Management Seminars, wie auch der anderen Carnegie Programme, ist der Aufbau gesunden Selbstvertrauens. Ein unsicherer Manager kann niemand leiten, seine Ideen nicht so wirkungsvoll ausdrücken oder andere motivieren. Seine Fähigkeiten auf diesen und anderen Gebieten zu verbessern, bedeutet, sein Selbstvertrauen zu stärken. C.T. Thompson, Firmenchef aus New Jersey, hat das treffend formuliert: „Wichtig ist das Selbstvertrauen, das dieses Seminar vielen Teilnehmern brachte. Als sie bei den anderen Managern ähnliche Schwächen entdeckten wie bei sich selbst, half ihnen das, eigene Fehler zu überwinden durch die Anwendung der Seminarempfehlungen." Wie in allen anderen Dale Carnegie Programmen werden auch im Management Seminar bessere Kommunikationsfähigkeiten trainiert. Direktor Thompson stellte fest: „Einer der größten Gewinne aus dem Seminar liegt für uns in der Verbesserung der Kommunikation. Unsere Manager stellen seither ohne Schwierigkeiten Fragen und machen mutige Vorschläge. Deshalb konnten wir einen Umstrukturierungsplan in kürzerer Zeit durchführen als in den Vorjahren."

Gutes Zeitmanagement der Mitarbeiter ist eine der wichtigsten Voraussetzungen für erfolgreiches Management. Die Seminarteilnehmer überprüfen ihre eigene Zeiteinteilung und lernen Methoden zur besseren Zeitnutzung einzusetzen. Doris Elfman, Finanzmanagerin aus New York, wandte diese Methode an, um die Zeiteinteilung ihrer Mitarbeiter über einen längeren Zeitraum zu testen. Dadurch konnte sie die Aufgaben gerechter verteilen, und ihre Abteilung arbeitete nun effektiver. Sie untersuchte auch ihre eigene Zeiteinteilung, strich, kombinierte, delegierte und gewann dadurch Zeit für kreative und anspruchsvolle Aufgaben.

Die Seminarteilnehmer kommen aus unterschiedlichen Führungsebenen. In einem typischen Seminar wären z.B. der Chef einer kleinen Firma, ein Betriebsleiter, einige Handwerksmeister, Filialleiter größerer Unternehmen oder Banken mit einigen leitenden Mitarbeitern, der Leiter eines Krankenhauses mit einigen Oberschwestern, der Rektor einer Schule usw. An einem kürzlich stattgefundenen Seminar nahmen ein Abgesandter der Vereinten Nationen teil, der Leiter eines Altenheims, der

Geschäftsführer einer Pfadfinderorganisation, der Ausbildungsleiter einer Ölfirma und andere Manager.

Sie alle haben durch gemeinsame Arbeit mehr Verständnis für die Probleme andersgearteter Firmen bekommen und erkannten das Gemeinsame.

J. Martin, Abteilungsleiter einer Lebensversicherung, sagt dazu: „Wir alle haben mit Menschen zu tun. Die Probleme, die wir mit unseren Mitarbeitern haben, sind ziemlich ähnlich – ob man nun Gewinn erwirtschaften muß oder im öffentlichen Dienst arbeitet."

Joan Jefferson ist Ausbilderin bei einem Programm zur Wiedereingliederung Drogensüchtiger in Harlem und berichtet: „Als ich am Seminar teilnahm, wurden in gemeinnützigen Organisationen noch keine Managementmethoden angewandt. Ich habe mich im Arbeitsalltag daran gehalten, was ich im Seminar gelernt habe, und jetzt klappt es besser. Ich bin noch nicht lange in dieser Position als Ausbildungsleiterin. Die Kenntnisse aus dem Seminar und die Fähigkeit, sie auch anzuwenden, waren für mich unbezahlbar."

Das Dale Carnegie Verkaufstraining fördert vor allem die Fähigkeit, sich ausdrücken zu können. Wie alle Carnegie Programme ist es pragmatisch, es enthält weniger Theorie als Praxis. Seine Ziele sind Vermittlung praktischen Wissens über den Verkaufsvorgang und die Entwicklung der nötigen Fähigkeiten. Bereits während des Kurses wenden die Teilnehmer das Erlernte im Verkaufsalltag an. Dabei wird besonderer Wert gelegt auf die Motivation des Kunden, Zeiteinteilung, Vorgeben und Erreichen eines Ziels, Kontrolle der eigenen Einstellung und Entwicklung von Begeisterung.

Percy Whitings Buch *Die fünf Hauptregeln im Verkauf* wird als Hintergrundmaterial benutzt. An jedem Kursabend berichten die Teilnehmer, wie sie in der vergangenen Woche die Kursempfehlungen angewandt haben. Häufig sind die Ergebnisse sofort erkennbar.

Nach dem ersten Trainingsabend schrieb A. Rockford aus Illinois an seinen Kursleiter: „Bisher war ich nur einmal dabei. Schon am ersten Kurstag sagten Sie uns: ‚Geben Sie ihrem Kunden genug Tatsachen über das Produkt und wie es ihm nützen wird, damit er sich entscheiden kann.‘ Es funktioniert großartig! Heute, nur einen Tag danach, bekam ich einen Auftrag über 16.000 Dollar. Ich möchte Ihnen danken! Bis nächste Woche im Kurs, Ihr A. Rockford.“

Ein Teilnehmer aus Philadelphia, der Dichtungsmaterial für Pumpen verkauft, wandte die Dale Carnegie Empfehlungen bei einem Kunden an. Er mußte dem Kunden die Nutzen seines Produkts zur Lösung seiner Probleme zeigen: „Mein Produkt heißt Ramilon und ist viel teurer als das der Konkurrenz. Die Vorteile, die ich anführten konnte, waren weniger Ausfallzeiten und Wartungskosten. Dem Leiter der Einkaufsabteilung konnte ich vorrechnen, daß er wegen der geringeren Ausfallzeiten und Wartungskosten sogar 700 Dollar sparen würde. Daraufhin bekam ich nicht nur den ersten Auftrag, sondern noch weitere. Ich wurde gebeten, vor den Ingenieuren des hiesigen Betriebs über Pumpendichtungen zu sprechen.“

Einer der Höhepunkte des Verkaufstrainings ist die Besprechung der Kaufsignale. Das sind kleine Hinweise, die dem aufmerksamen Verkäufer echtes Kaufinteresse signalisieren. Im Training wird das Verständnis für diese Signale geweckt und ihr Erkennen geübt. Lynn Hamilton, Vertreterin eines Autoverleihs in Pittsburgh, gab zu, sie sei oft so mit der Präsentation des Produkts beschäftigt gewesen, daß sie Kaufsignale übersehen habe: „Früher redete ich zu viel und zu lange über Produkt und Service. Ich stellte kaum Fragen, um herauszufinden, woran genau der Kunde interessiert war. Jetzt bedenke ich stets, was der Kunde eigentlich will. Dadurch verschwende ich weniger Zeit und bin erfolgreicher."

Damit auch solche Menschen, die beruflich mit anderen zu tun haben, die Empfehlungen Carnegies für gute zwischenmenschliche Beziehungen erlernen können, bietet die Carnegie Organisation einen Kundenbeziehungskurs an. Zu seinen Teilnehmern zählen Einzelhändler, Kundendienstpersonal und andere, die zwar nicht direkt verkaufen, aber durch ihre Arbeit mit Kunden zu tun haben.

Grundidee des Kundenbeziehungskurses ist, daß jeder Mensch für seine Leistungen anerkannt werden will, selbst aber oft nicht genug auf die Bedürfnisse seiner Kunden achtet.

Eine Gruppe von vierzig Tankstellenpächtern aus New Jersey hörte gespannt zu, als der Leiter dieses Kurses folgenden Vorfall schilderte: „Ich fuhr zu einer Tankstelle. Gemächlich schlenderte der Tankwart zu meinem Auto, murmelte etwas, das wie ‚Wieviel?' klang, und ging ohne ein Wort weg, nachdem ich bezahlt hatte. Würden Sie nochmals zu dieser Tankstelle fahren? Ölfirmen geben Millionen aus, um Kunden zu gewinnen, auch der Tankstellenbesitzer läßt es sich etwas kosten, damit Leute zu ihm kommen, aber der Tankwart verscheucht die Kunden mit seiner Muffigkeit. Wenn Sie Gäste einladen, würden Sie sie fünf Minuten vor der Tür stehenlassen? Würden Sie dann etwas Unverständliches murmeln? Würden Sie sie gehenlassen, ohne ihnen Aufwiedersehen zu sagen? Ihre Tankstellenkunden sind wie Gäste, die zu Ihnen kommen. Sie müssen sie begrüßen, ihnen für ihr Kommen danken und ihnen zeigen, daß sie auch nächstesmal willkommen sind."

Norman Sisisky, Direktor bei Pepsi Cola, bemerkte, daß seine Verkäufer erfolgreicher waren, wenn sie

Kunden beim Namen nannten. „Carnegies Empfehlung ‚Bedenken Sie: Für jeden Menschen ist sein Name äußerst wichtig' hat diesen Verkäufern geholfen. Dadurch konnten sie ihre Kundenbeziehungen wesentlich verbessern."

Banken und Sparkassen lassen ihre Kassierer und Angestellten den Kundenbeziehungskurs besuchen. Obwohl sie nichts verkaufen, haben sie ständig Kundenkontakt. Ihr Auftreten und ihre Einstellung repräsentieren das Image des Hauses. Der Stellvertretende Filialleiter einer Sparkasse in Illinois sagte über seine Kursabsolventen: „Sie haben jetzt mehr Freude an ihrer Arbeit und ein natürliches Lächeln, weil sie ehrlich am Kunden interessiert sind. Sie haben keine Angst vor den Fragen der Kunden, selbst wenn sie sie nicht beantworten können, weil sie wissen, an wen sie sich dann wenden können. Im Umgang mit Kunden und Kollegen tun sie sich leichter, sie sind bessere Zuhörer geworden und deshalb effektiver und positiver. Zwar können wir keine höheren Zinssätze bieten als die Konkurrenz, aber wir können einen besseren Service haben. Der Dale Carnegie Kundenbeziehungskurs war ein großer Schritt in die richtige Richtung."

Ein Kaufhaus in Virginia sandte regelmäßig Verkäufer in diesen Kurs und gab nach Kursabschluß Anzeigen in der Lokalzeitung auf mit den Fotos der Absolventen: „Dies sind unsere Profis in Kundenbetreuung! Wir sind stolz auf die Absolventen des dritten Carnegie Kundenbeziehungskurses. Sie werden sie an ihrem ehrlichen Lächeln, ihrer freundlichen Einstellung und ihrem echten Bemühen erkennen, wenn Sie bei uns einkaufen. Unser Erfolg hängt von Ihrer Zufriedenheit ab, und das ist unser Ziel!"

Ein Bankdirektor aus Arkansas berichtet, daß seine Kunden die freundliche Atmosphäre und Haltung seiner

Mitarbeiter lobten: „Seit Kursbeginn ist die Zahl der neueröffneten Konten um 94% gestiegen, denn viele unserer Mitarbeiter, die früher keine Serviceleistungen anboten, sind nun unsere besten Verkäufer."

Beim Dale Carnegie Kurs für innerbetriebliche Zusammenarbeit steht der Umgang mit anderen Menschen und Kollegen im Vordergrund, nicht so sehr der mit Kunden. Firmen wählen dieses Programm, um künftige Abteilungsleiter zu trainieren. Der Kurs eignet sich auch für Verwaltungspersonal, das eng mit Angestellten, Verkäufern, Beamten oder Gemeinden zusammenarbeitet. Kern dieses Programms ist: Effektivere Teamarbeit durch bessere zwischenmenschliche Beziehungen, positiveres Selbstverständnis, aktives Zuhören, Streßbewältigung, Zielsetzung, Einstellung zur Arbeit, positives Firmen-Image. Dieser Kurs wurde bereits für die unterschiedlichsten Organisationen abgehalten, einschließlich Behörden, Fabriken, Banken und Handelsunternehmen.

Der stellvertretende Direktor einer Autofirma in Florida fand, daß seine Mitarbeiter durch diesen Kurs besser zusammenarbeiteten: „Es ist zum Beispiel ein tägliches Problem, daß der Mechaniker in das Ersatzteillager gehen und lange warten muß. Vor dem Training gab es deswegen Ärger. Die neue Einstellung und die neuen Kenntnisse haben geholfen, diese Situation zu verändern."

Zu den Hauptpunkten dieses Kurses gehört auch die positive Behandlung von Beschwerden. Hierzu werden vier Schritte vorgeschlagen 1. Respektieren Sie den Beschwerdeführer, auch wenn Sie nicht mit ihm übereinstimmen 2. Hören Sie ihm zu. Lassen Sie ihn ausreden, ohne ihn zu unterbrechen. 3. Geben Sie ihm Anerkennung: Seien Sie dankbar, daß er mit seinem Problem zu Ihnen kam. 4. Zeigen Sie Verständnis für die Unannehmlichkeiten, die ihm das Problem vielleicht bereitet hat.

Marvin Webber, Banker aus Illinois, berichtete in diesem Kurs, daß ein Kunde wütend mit einer Beschwerde in sein Büro kam. Webber wandte die empfohlenen Schritte an, doch vergeblich. Verärgert löste der Kunde seine Konten auf. Doch nach ein paar Wochen entschuldigte er sich bei Webber. Er habe unrecht gehabt und schätze Webbers damalige Reaktion. Danach eröffnete er nicht nur seine alten Konten wieder, sondern noch ein umfangreicheres neues Konto.

Ein anderer Banker, Peter C. Haas aus New Jersey, berichtet: „Der Kursteil über die Beschwerdebehandlung war für uns von größter Bedeutung, weil wir gelernt haben, unzufriedenen Kunden gegenüber toleranter zu sein."

Manche Menschen glauben, die Anwendung der Dale Carnegie Empfehlungen hilft ihnen, andere zu beeinflussen oder ihnen etwas zu verkaufen, auch wenn sie nicht aufrichtig dabei sind. Diese Menschen haben Dale Carnegie aber nicht richtig verstanden. Dorothy Carnegie sagt dazu: „Gute zwischenmenschliche Beziehungen hängen nicht davon ab, ob wir den anderen mögen oder er uns mag. Sie basieren vielmehr auf sachlicher und fairer Kommunikation zwischen Menschen und der Anerkennung des Partners. Das ist eine moderne Art, die Goldene Regel anzuwenden.

Gute zwischenmenschliche Beziehungen sind Grundlage einer zivilisierten Gesellschaft. Dabei soll die Würde des Mitmenschen anerkannt werden. Dazu muß man ihn nicht sympathisch finden, sondern ihn so behandeln, wie man selbst behandelt werden will. Er hat die gleichen Rechte wie wir, auch auf seine Schwächen und Fehler. So wie wir erwarten, daß andere nachsichtig mit uns sind, sollten wir es auch sein.

Sympathie oder Antipathie können die meisten Menschen nicht steuern. Aber wir können die Art beeinflussen, wie wir mit anderen umgehen. Dabei geht es nicht darum, den anderen mit seinem Vornamen anzusprechen oder ihm auf die Schulter zu klopfen. Man kann unterschiedlicher Meinung sein und trotzdem eine gute Beziehung zueinander haben.

Ein Grund für den außergewöhnlichen Erfolg des Dale Carnegie Trainings liegt in der Achtung der Persönlichkeit. Wir sollten dazu beitragen, daß jeder seine individuellen Gaben, Ideen und Gefühle freier und natürlich zum Ausdruck bringt. Wir alle sind verschieden und müssen dies bejahen und respektieren. Dadurch werden Energien und Talente freigesetzt, die sonst vielleicht unentdeckt geblieben wären."

8

Sorgen überwinden

Sollen wir einfach alles Unglück hinnehmen? Nein. Das wäre Fatalismus. Solange wir die Möglichkeit haben, etwas zu ändern, sollten wir es tun. Wenn der gesunde Menschenverstand uns aber sagt, wir lehnen uns gegen etwas auf, das nicht anders sein kann, sollten wir uns damit abfinden.

Dale Carnegie

Wie kann ein Kurs für Kommunikation und bessere zwischenmenschliche Beziehungen uns helfen, Sorgen zu überwinden? Schon bald erkannte Dale Carnegie, daß seine Kursteilnehmer vor allem über ihre Probleme sprachen. Deshalb entstand sein Buch *Sorge dich nicht – lebe!** Darin schreibt er:

„Meine Kursteilnehmer waren leitende Angestellte, Vertreter, Mechaniker, Buchhalter usw. Sie bildeten einen Querschnitt durch sämtliche Berufe, und die meisten hatten Probleme. Was hier nottat, war ein Buch zur Überwindung von Sorge und Streß. Auch diesmal machte ich mich zunächst mal auf die Suche in der großen New Yorker Volksbibliothek. Zu meinem Erstaunen stellte ich fest, daß der Katalog nur 22 Eintragungen unter ‚Sorge' enthielt, aber unter dem Begriff ‚Würmer' waren 189 Bücher aufgelistet, beinahe neunmal so viele! Weil aber das Sorgen nun einmal zu den schwersten menschlichen Belastungen zählt, sollte man annehmen, höhere Schulen und Universitäten müßten Vorlesungen veranstalten zum Thema ‚Hört auf, euch zu sorgen!' Wenn auch nur eine einzige Lehranstalt einen derartigen Kurs anbot, habe ich jedenfalls nichts davon gehört. Kein Wunder, daß David Seabury in seiner Schrift *How to Worry Successfully* (Wie man sich mit Erfolg Sorgen

* Dale Carnegie, *Sorge dich nicht – lebe*, Scherz Verlag, Bern und München, 1949, 38. Auflage, überarbeitet 1984

macht) schreibt: ‚Wenn wir erwachsen werden, sind wir für den Ansturm des Lebens ebenso vorbereitet wie ein Bücherwurm, der Ballett tanzen soll.'

Und was kommt dabei heraus? Mehr als die Hälfte aller Krankenhausbetten sind von Menschen mit Nerven- und Gemütsleiden belegt.

Ich las alle 22 Bücher zum Thema ‚Sorge' und kaufte mir alle anderen, die ich darüber finden konnte. Doch keins eignete sich als Lehrbuch für meinen Kurs. Deshalb beschloß ich, selbst eins zu schreiben."

Dale Carnegie und seine Mitarbeiter befragten viele Menschen darüber, wie sie ihre Sorgen überwunden hatten. Sie lasen Biographien berühmter Leute, die mit ernsten Problemen konfrontiert gewesen waren und sie gelöst hatten.

„Außerdem tat ich etwas von weitaus größerer Bedeutung als alle Interviews und Lektüre: Ich arbeitete fünf Jahre in einem Laboratorium zur Überwindung von Sorge und Streß. Ich gab meinen Kursteilnehmern eine Reihe von Empfehlungen zur Sorgenbewältigung und bat sie, darüber zu berichten, auch über Techniken, die sie früher angewandt hatten. Als Ergebnis dieses Experiments habe ich wohl mehr Reden hierüber gehört als jeder andere. Außerdem las ich weitere Reden darüber aus unseren Kursen in den USA und in Kanada."

Zum Kursmaterial gehört Carnegies Buch *Sorge dich nicht – lebe!* Im Kursverlauf berichten die Teilnehmer, wie sie die Empfehlungen des Buches umgesetzt haben und was das bewirkte. Wichtig ist dabei, daß jeder Bericht die anderen Teilnehmer inspiriert. Hat jemand die Prinzipien zwar verstandesmäßig akzeptiert, aber nicht in sein Verhalten integriert, wird ihm das durch die Erfolgsberichte der anderen Teilnehmer deutlich. Am letzten Kursabend berichten viele, daß eine bestimmte Rede sie ermutigte, eine von Carnegies Empfehlungen anzuwenden, um Probleme zu meistern, mit denen sie sich jahrelang geplagt hatten.

Einige dieser Empfehlungen wollen wir betrachten und erfahren, wie sie von den Teilnehmern des Dale Carnegie Kurses umgesetzt wurden.

Die erste Empfehlung lautet: „Leben Sie in zeitdichten Schotten!“ Carnegie berichtet in seinem Buch, daß der berühmte Chirurg William Osler das Leben mit einem modernen Ozeandampfer verglich, dessen Kapitän die verschiedenen Schotten hermetisch trennen kann. Osler schreibt: „Ich möchte, daß Sie lernen, die Maschinerie Ihres Lebens so zu kontrollieren, daß Sie in Tageseinheiten leben, um die größtmögliche Sicherheit auf Ihrer Lebensreise zu gewährleisten. Schließen Sie auf jeder Lebensstufe die Türen zur toten Vergangenheit, ebenso die zur ungewissen Zukunft. Allein das Heute ist wichtig! Denn Verschwendung Ihrer Kräfte und Nervosität sind die Folgen, wenn Sie ängstlich in die Zukunft blikken. Beginnen sie, Ihr Leben in zeitdichten Schotten zu führen!“ Osler meinte nicht, daß wir unvorbereitet auf die Zukunft leben sollten. Die beste Vorbereitung für morgen ist, sich auf heute zu konzentrieren.

Immer wieder berichten Kursteilnehmer, daß sie sich wegen längst Vergangenem Sorgen machen bis zur Erschöpfung. Frau MacNamara aus Florida erzählte, daß ihr Leben zur Qual wurde durch die ständige Erinnerung an ein Unrecht, das sie einem längst verstorbenen Menschen angetan hatte: „Nachts wachte ich manchmal schweißgebadet auf und konnte nicht wieder einschlafen. Tagsüber kreisten meine Gedanken oft um dieses angebliche Unrecht. Es war schwierig, nicht daran zu denken. Aber jetzt lebe ich jeden Tag für sich als Einheit, die ich abends abschließe. Ich überdenke stets nur Probleme und Freuden dieses Tages. Denn die Vergangenheit ist nicht mehr zu ändern.“

James Feiler aus San Francisco hatte ebenfalls Schlafstörungen: „Wenn man das eigene Geschäft leitet, nimmt man seine Sorgen oft mit ins Bett. Seit ich Carnegies Rat befolge, denke ich daran, daß ich heute mein Bestes getan habe. Denn wenn ich schlecht schlafe, leiste ich morgen nur halb soviel. Ich lasse die Sorgen des nächsten Tages nicht an mich herankommen, bis er da ist. Seitdem schlafe ich viel besser."

Als Robert Barans Chef Koronarthrombose hatte, mußte Robert plötzlich dessen Abteilung übernehmen. Die unterwartete, große Verantwortung machte Robert zu einem sorgenvollen Menschen. Er berichtete: „Anfangs herrschte Verwirrung in der Abteilung, dann Chaos. Mein Chef ist ein Mensch, der alles im Kopf hat und jedem Mitarbeiter nur so viel Information gibt, wie dieser gerade braucht. Nun sorgte ich mich, daß ich der verantwortungsvollen Rolle vielleicht nicht gerecht werden könnte. Ich sorgte mich wegen der Berge von Arbeit, die immer höher wurden, und ich wußte nicht, wo ich überhaupt anfangen sollte. Ich machte mir Gedanken wegen der Mitarbeiter, die sich mir gegenüber vielleicht nicht loyal verhalten würden. Alle diese Sorgen nahm ich mit nach Hause. Ich verbrachte schlaflose Nächte und stand am nächsten Tag wieder vor schier unlösbaren Aufgaben.

Ungefähr drei Monate danach meldete ich mich zum Dale Carnegie Kurs an. Als ich das Buch *Sorge dich nicht – lebe!* las, erkannte ich meine Dummheit. Ich sah, daß ich trotz meiner Sorgen die Arbeit irgendwie schaffte und sogar von meinen Vorgesetzten oft gelobt wurde. Da nahm ich mir vor, in zeitdichten Schotten zu leben – und es funktionierte! Besonders einige Sätze im Buch fand ich interessant, z.B.: ‚Heute ist das Morgen, über das Sie sich gestern gesorgt haben.' Ich begann, mich auf das Wort ‚Worry' zu konzentrieren und kam dabei auf dieses Akronym, das jetzt über meinem Schreibtisch hängt:

Worry
Only
Reduces
Resources within
You!“

(Sorgen vermindern
nur deine Kräfte)

Eine andere wichtige Empfehlung zur Sorgenüberwindung ist folgende Analyse. Sie besteht aus drei Stufen:
1. Was kann schlimmstenfalls eintreten?
2. Bereiten Sie sich darauf vor, das Schlimmste zu akzeptieren, falls es unumgänglich ist.
3. Versuchen Sie dann in aller Ruhe, die schlimme Lage zu verbessern.

Duncan Ehlers lernte durch die Anwendung dieser Analyse die Arbeit Carnegies kennen und wurde später Mitarbeiter der Carnegie Organisation. Hier seine eigene Schilderung: „Kurz nach dem zweiten Weltkrieg war ich aus Argentinien nach England zurückgekehrt und arbeitete als Buchhalter in einem Konzern, bei dem alle Glieder unserer Familie angestellt waren. Meine Arbeit langweilte mich, und ich hatte Angst, mein Leben dort zubringen zu müssen. Ich hatte aber auch Angst zu kündigen, weil das meine Familie in Verruf bringen könnte. Aushalten? Ich würde nie einen Erfolg im Leben verbuchen können. Ich bekam chronische Magenschmerzen, die nur an den Wochenenden nachließen, wenn ich nicht an der Arbeit war. Durch Zufall fand ich in einem Buchladen das Buch *Sorge dich nicht – lebe*! Ich beschloß, die Empfehlungen des zweiten Kapitels auf meine Situation anzuwenden: Was kann schlimmstenfalls passieren? Ich könnte diese langweilige Arbeit jahrelang tun müssen. Mich darauf vorbereiten, die Tatsache zu akzeptieren?

Mein erster Gedanke war, ich müsse diesen Job behalten, weil es eine sichere Position war. Aber dann behielt der zweite Teil der Empfehlung die Oberhand: ... falls es unumgänglich ist. Ich könnte meine Lage verbessern, wenn ich um eine Beförderung bat. Das war in jener Zeit für einen jungen Mann etwas Unerhörtes. Ich wollte aber nicht weiterleben wie bisher und bat am nächsten Tag um eine Unterredung mit einem der wichtigsten Männer der Firma. Das Ergebnis war eine bedeutend interessantere Stelle in Südamerika. Übrigens – sobald ich den langweiligen Job aufgegeben hatte, verschwanden meine Magenschmerzen."

Als New York wieder einmal eine Finanzkrise erlebte, mußte die Stadt viele Angestellte entlassen. Die meisten hatten ihre Stelle als sicher angesehen. Arbeitslosigkeit war für sie ein Trauma.

William J. Borchers, städtischer Feuerwehrmann, sorgte sich besonders. Was sollte er tun, falls auch er entlassen werden würde? Carnegies Sorgenanalyse half ihm, seine Sorgen zu überwinden. Was war das Schlimmste, das geschehen konnte? Der Verlust seiner Arbeitsstelle. Das konnte er hinnehmen; er war ja noch jung und konnte umlernen. Aber was könnte er jetzt schon tun, um sich auf diese Situation vorzubereiten? Er beschloß, noch einmal zur Schule zu gehen und einen neuen Beruf zu erlernen. Das könnte ihm in jeder Lage nur nützlich sein. Nachdem er sich zu diesem Entschluß durchgerungen hatte, konnten die Sorgen sein Leben nicht mehr dominieren.

Vincent Raab aus New York fand eine Variante der Sorgenanalyse. Er war Buchhalter in einem Krankenhaus und hatte ein neues Lohnsystem eingeführt. Es kam zu einer Auseinandersetzung mit dem Oberarzt, der sich beim Leiter des Krankenhauses über Raab beschwerte. Raab wußte, daß der Chef bei Differenzen meist auf Seiten der Ärzte war. Also fragte er sich: „Weshalb mache ich mir Sorgen? Ich könnte entlassen werden oder eine Zurechtweisung erhalten. Was kann ich dagegen tun? Hoffen, daß der Leiter es nicht so wichtig nimmt. Ich könnte mich bei dem Arzt entschuldigen und ihm freistellen, das neue System anzuwenden oder nicht, oder ich könnte die Sache auch dem Leiter der Finanzabteilung vortragen. Was werde ich tun? Mit meinem Vorgesetzten sprechen. Wann? Morgen früh. Und ich fand seine Unterstützung, sogar der Leiter des Krankenhauses gab mir recht." Dadurch konnte Raab sein Problem lösen und sich unnütze Sorgen ersparen.

Als Margaret Cooney aus Maryland eines Morgens feststellte, daß ihr Keller unter Wasser stand, verlor sie fast die Nerven: „Mein erster Gedanke war, mich hinzusetzen, zu weinen und mich zu bedauern. Stattdessen fragte ich mich, was schlimmstenfalls geschehen könnte. Möbel und Teppich könnten ruiniert sein, die Wandtäfelung konnte sich lösen und Wasserränder bekommen, und vielleicht würde unsere Versicherung den Schaden nicht ersetzen.

Als nächstes überlegte ich, wie ich dies verhindern könnte. Ich bat die Kinder, alle tragbaren Möbel in die Garage zu schaffen, zeigte den Schaden dem Versicherungsagenten an und bat eine Teppichreinigung, mit einem Wassersauger zu kommen. Ich wusch alles, was sich in meiner Maschine waschen ließ. Dann borgten wir uns zusätzliche Geräte aus, die das Trocknen beschleunigten. Als mein Mann heimkam, war alles unter Kontrolle.

Die Lektion aus dem Dale Carnegie Kurs funktionierte bestens, und ich hatte wirklich keine Zeit für Sorgen!"

Sorgen sind eine häufigere Krankheitsursache als organische Beschwerden. Ärzte behaupten, daß bei über 50 % aller Patienten Sorgen der Grund für die Krankheit oder deren Verschlimmerung ist. Doch vieles, worüber wir uns Sorgen machen, ist im Nachhinein unwichtig. Oft wundern wir uns hinterher, warum wir uns so aufgeregt haben. Juristen sagen: „De minimis non curat lex." (Das Gesetz gibt sich nicht mit Nebensächlichkeiten ab.) Und wir sollten es auch nicht tun.

Manche Menschen sorgen sich aber nicht nur um Nebensächlichkeiten, sondern sogar um Dinge, die vielleicht niemals geschehen werden; z.B. um eine Krankheit, die sie wahrscheinlich nie bekommen werden, um unmögliche Unfälle oder Schwierigkeiten und um zahllose andere Dinge. Würden wir die statistische Wahrscheinlichkeit berücksichtigen, mit der das Befürchtete eintreten könnte, hätten wir weniger Sorgen! Arthur Roberts berichtete in einem New Yorker Kurs von der Angst um seinen Sohn: „Doug verließ die Universität nach dem ersten Semester. Er war achtzehn Jahre alt und wollte zu sich selbst finden. Deshalb beschloß er, durch die USA zu trampen. Meine Frau und ich wurden vor Angst fast verrückt. Wir sahen ihn schon überfahren, drogensüchtig oder in einer Jugendbande. Wir fürchteten, er könnte im Krankenhaus, Gefängnis oder irgendwo in einem Leichenschauhaus enden. Jedesmal, wenn das Telefon klingelte, befürchteten wir das Schlimmste.

Dann erinnerte ich mich an Dale Carnegies Rat: ‚Fragen Sie nach der Wahrscheinlichkeit. Welche Chance besteht, statistisch gesehen, daß jemals eintreffen wird, wovor Sie Angst haben?' Unterlagen der New Yorker Polizei bewiesen, daß nur wenige junge Tramper echte Schwierigkeiten bekommen. Seit wir uns dies vor Augen hielten, konnten wir uns endlich entspannen und die Situation hinnehmen. Sonst wären wir beide wahrscheinlich am Ende gewesen, als unser Sohn ein Vierteljahr später wohlbehalten zurückkehrte."

Eine weitere häufige Ursache für Sorgen ist Angst vor

unerwarteten Zwischenfällen. Bräute fürchten z.B., es könnte an ihrem Hochzeitstag regnen. Eltern sorgen sich, daß ihre Kinder ausgerechnet dann erkranken, wenn sie in Urlaub fahren wollen. Solche Dinge geschehen natürlich manchmal. Es kommt vor, daß Hochzeitstage verregnen oder der Jüngste bekommt ausgerechnet zu Beginn der Ferien Masern. Aber die Wahrscheinlichkeit ist doch gering.

In einem New Yorker Kurs erzählte Stan Elman von seiner Angst, die Anzahlung für einen geplanten Flug zu verlieren: „Die Fluggesellschaft gab einen erheblichen Rabatt bei Tickets, die sieben Monate vorher bezahlt wurden. Mußte man jedoch den Flug absagen, wurde das natürlich teuer. Monatelang hatte Stan Angst davor: „Hätte ich damals schon Dale Carnegies Rat beachtet, wäre mir klar gewesen, wie gering die gefürchtete Möglichkeit war. Dann hätte ich mir all die sorgenvollen Tage und Nächte erspart."

Mißerfolge und Unwillen, das Unvermeidliche zu akzeptieren, sind eine andere häufige Ursache für Sorgen. Deshalb fordert Carnegie die Leser seines Sorgenbuches auf: „Verbünden Sie sich mit dem Unvermeidlichen!"

Marion J. Van Wormer aus Pennsylvania reagierte auf den unerwarteten Tod ihres Mannes, und daß sie mit zwei kleinen Kindern alleingelassen war, wie die meisten Menschen in dieser Situation. Sie bemitleidete sich. Dann fiel ihr ein, wie begeistert ihr Mann immer vom Dale Carnegie Kurs erzählt und die Empfehlungen zitiert hatte, z.B.: Verbünden Sie sich mit dem Unvermeidlichen. Sie sah die Sinnlosigkeit ihres Selbstmitleids ein und meldete sich zum Kurs an. Sie lernte allmählich, ihre Ängste zu bewältigen und ihr Leben mit mehr Selbstvertrauen anzupacken.

Das unvergleichliche Gebet von Reinhold Niebur verdeutlicht Carnegies Rat am besten:

„Gott gebe mir die Gelassenheit,
die Dinge anzunehmen, die ich nicht ändern kann,
den Mut, die zu ändern, die ich ändern kann,
und die Weisheit, den Unterschied zu erkennen."

Erica Peters war Konzertpianistin. Sie hatte die berühmte Juilliard School of Music besucht und war dabei, Karriere zu machen. Doch nach der Geburt ihres ersten Kinders erlitt sie einen Schlaganfall und war für Monate völlig gelähmt. Nach einiger Zeit konnte sie wieder ein normales Leben führen. Wegen des Gehirnschadens waren ihre Finger jedoch für immer geschwächt. Sie konnte nie mehr ein Konzert geben. Statt in Depressionen zu verfallen, nutzte sie ihre Ausbildung und ihr Talent, um Klavierunterricht zu erteilen. Sie ist heute eine gesuchte und glückliche Klavierlehrerin.

Denken Sie also nicht mehr an das Unvermeidliche. Beginnen Sie stattdessen mit aller Kraft etwas Neues!

J. Edwin Whitlow, Dale Carnegie Lizenzträger auf Hawai, wurde 1974 sehr krank. Nach mehreren Operationen fühlte er sich sehr schwach. Bei seinem Alter von 70 Jahren war es unwahrscheinlich, daß er sich je wieder ganz erholen würde. Er berichtet: „Im Januar 1975 besuchte mich mein Mitarbeiter Nick Lisante auf einer Reise nach Japan. Es ging mir wirklich schlecht. Ich konnte kaum reden. Aber ich versprach ihm, daß meine Frau Viona und ich mit ihm essen gehen würden, wenn er uns ein paar Wochen später auf seiner Rückreise wiedersehen würde. Natürlich wollte er das nicht glauben. Aber als er zurückkam, lösten wir unser Versprechen ein.

Wie war das möglich? Nach Nicks Abflug sagte ich mir: ‚Entweder wirst du ein schwacher alter Mann, oder du stehst auf und tust etwas dagegen!' Ich bat Viona, ein paar Schritte mit mir zu gehen. Jeden Tag fiel es mir leichter, und bald konnte ich eine Meile gehen, dann zwei und schließlich fünfzehn Meilen! Seither mache ich jeden Tag weite Spaziergänge. Ich bin gesund, leite meine Firma wieder selbst und reise um die Welt. Das alles führe ich auf meine Entschlossenheit zurück.“

Groll über undankbare Menschen ist eine andere Ursache für Sorgen. Jack Morano aus Pennsylvania hatte fünf Jahre seines Lebens damit vertan, sich über die Undankbarkeit seiner Neffen zu ärgern. Als er 60 Jahre alt wurde, wollte er Geschenke machen, statt welche zu bekommen. Weil er keine eigenen Kinder hatte, schenkte er jedem seiner drei Neffen 100 Dollar. Sie bedankten sich und ließen nie wieder etwas von sich hören. An seinem nächsten Geburtstag gratulierten sie ihm nicht einmal. Fünf Jahre brütete er über ihre Undankbarkeit, dachte oft daran, sprach mit seinen Freunden darüber und träumte sogar davon. Das Leben war ihm verleidet. Beim Lesen des Buches *Sorge dich nicht lebe!* sah er ein, daß sein Fall gar nicht so ungewöhnlich war. Dale Carnegie erinnert darin an Jesus, der zehn Leprakranke geheilt hatte, und nur einer von ihnen dankte ihm dafür. Wenn wir Dankbarkeit erwarten, sind unsere Sorgen vorprogrammiert. Carnegie schlägt vor: „Denken Sie nicht über Dankbarkeit oder Undankbarkeit nach, wenn Sie glücklich sein wollen. Schenken Sie, weil es Ihnen Freude macht!“ Morano und viele andere, die sich dies zu Herzen nehmen, leben deshalb glücklicher.

Wie oft haben wir schon gehört, daß wir glücklich über das sein sollen, was wir haben. Stattdessen halten wir unsere Annehmlichkeiten und Erfolge für selbstverständlich. Wenn wir es recht überlegen, verlaufen ca. 90 % in unserem Leben gut, und nur 10 % sind weniger gut. Wenn wir glücklich sein wollen, müssen wir uns auf die guten 90 % konzentrieren, statt über die weniger guten 10 % zu klagen.

Valerie Swanson aus Minnesota war in der High School Star der Theaterklasse gewesen. Zwei Jahre später wollte sie an der American Academy of Dramatic Arts in New York studieren. Im Kurs berichtete sie über ihre Probleme: „Ich war hübsch, hatte Talent, etwas Erfahrung, aber im Vergleich zu den anderen Studenten nicht das gewisse Etwas, um wirklich erfolgreich zu sein. Wochenlang machte ich mir deshalb Sorgen und konnte schlecht schlafen. Natürlich wurden meine Leistungen dadurch noch schlechter. Schließlich gab ich auf und ging auf Arbeitssuche. Aber was konnte ich tun? Mein ganzes Leben hatte ich von einer Schauspielerkarriere geträumt und sie geplant.

Nach vielen vergeblichen Versuchen riet mir eine Frau im Arbeitsamt: ‚Denken Sie an den Liedertext: Accentuate the positive, eliminate the negative! (Betone das Positive, übersieh das Negative!) Ich überlegte also, was an mir Positives war. Auf der Bühne zu stehen hatte mir viel Freude gemacht. Ich konnte gut zu Gruppen reden und war ziemlich intelligent. Was konnte ich daraus machen? Ich beschloß, Pädagogik zu studieren. Um dies zu finanzieren, lernte ich Maschineschreiben und habe jetzt eine Stelle als Empfangsdame. Für meine Talente bin ich dankbar und bin sicher, eines Tages eine befriedigende Arbeit zu finden."

Eine positive Lebenseinstellung kann dadurch verstärkt werden, daß man sich für andere einsetzt. Vor allem unausgefüllte Menschen beschäftigen sich mit ihren eigenen Sorgen. Wer sehr beschäftigt ist, hat kaum Zeit dazu.

Eine New Yorker Kursteilnehmerin erzählte: „Vor acht Jahren war ich fast verzweifelt, weil meine Kinder mich immer weniger brauchten. Ich fühlte mich unausgefüllt. Eines Sonntagmorgens rief mich meine schwer erkrankte Nachbarin um Hilfe. Vier Tage kümmerte ich mich intensiv um sie. Als ich ihr einmal den Rücken massierte, sagte sie: ‚Weißt du, du hättest Krankenschwester werden sollen!' Darüber mußte ich lange nachdenken. Die Woche darauf ging ich in ein Krankenhaus und fragte, ob ich ehrenamtlich helfen dürfte. Die Arbeit gefiel mir sehr! Ich bewarb mich um die Aufnahme in einer Schwesternschule. Dann folgte das schwerste Jahr meines Lebens. Manchmal wollte ich aufgeben. Aber ich bin froh, durchgehalten zu haben. Heute bin ich Stationsschwester und habe Kurse für weitere Fortbildung belegt. Das Gefühl, unausgefüllt zu sein, habe ich nie mehr gehabt."

Manchmal befinden wir uns in Situationen, die wir nicht beeinflussen können und die uns Sorgen bereiten. Dale Carnegie bot dafür keine Patentlösung an. Er wußte, daß Leid zum Leben gehört.

Celima Singleton aus Texas erfuhr, daß ihr Sohn John taub war. Sie berichtet: „Ich konnte es einfach nicht glauben und wurde depressiv. Tag und Nacht konnte ich an nichts anderes denken. Nie würde er Musik oder den Gesang der Vögel hören, nicht einmal meine Stimme. Die Folge war, daß ich ein Geschwür bekam. Aber mein Arzt verstand etwas von Psychologie und sagte: ‚Ja, John ist taub. Können wir das ändern? Nein, denn seine Taubheit ist angeboren, und dagegen gibt es kein Mittel. Sie können sich kaputtmachen, aber damit werden Sie John nicht helfen. Und er braucht Ihre Hilfe jetzt!' Da wußte ich, daß ich etwas unternehmen mußte, um aus meiner Depression herauszufinden.

Schließlich arbeitete ich ehrenamtlich mit behinderten Kindern. Einige waren sogar taub und blind, andere verkrüppelt, mißgestaltet oder geisteskrank. Mein John war nicht so arm dran wie sie. Allmählich begriff ich, daß es auch für mich Grund zur Dankbarkeit gab. Ein gutes Mittel gegen Selbstmitleid ist, sich umzusehen. Es gibt immer jemand, der viel größere Probleme hat!"

Dale Carnegie zitiert in diesem Zusammenhang den Ausspruch eines anonymen Dichters: „Ich war traurig, weil ich keine Schuhe hatte, bis ich einen Mann sah, der keine Füße hatte."

Ein anderer häufiger Grund für Sorgen ist, daß wir andere beneiden und wie sie sein wollen. Dann leiden wir darunter, daß wir so anders sind.

Emerson faßt seine Gedanken hierzu in seinem Essay *Self-Reliance* (Selbstsicherheit) wie folgt zusammen: „Jeder entdeckt auf seinem Bildungsweg einmal, daß Neid nur ein Zeichen von Unwissenheit und Nachahmung Selbstmord ist; daß er sich wohl oder übel selbst genug sein muß, und daß, obwohl das weite Weltall voller Güter ist, kein nährendes Korn zu ihm gelangen kann, außer durch Arbeit auf dem Stück Land, das ihm zum Bearbeiten gegeben wurde. Die Kraft, die in ihm ruht,ist völlig neu. Nur er allein weiß, was er damit erreichen kann – aber auch erst dann, wenn er es versucht hat!"

„Wenn Sie eine Zitrone haben, machen Sie eine Limonade daraus", lautet eine der meistzitierten Empfehlungen Dale Carnegies. Wir alle haben mal Pech. Ein Tor sagt dann: „Ich habe keine Chance." Er schimpft auf Gott und die Welt, verwünscht sein Unglück und überläßt sich dem Selbstmitleid. Der Kluge fragt: „Was kann ich daraus lernen? Gibt es einen Ausweg?"

Dale Carnegie erzählte von Thelma Thompson. Ihr Mann war als Soldat in der Mojave Wüste stationiert: „Mein Mann mußte ins Manöver, und ich blieb in unserer kleinen Hütte allein. Die Hitze war unerträglich: 52° im Schatten! Und außer Mexikanern und Indianern keine Menschenseele, mit der ich mich hätte unterhalten können. Und die verstanden kein Englisch. Ich war so unglücklich, daß ich meinen Eltern schrieb, ich wolle heimkommen. Als Antwort kamen nur zwei Zeilen meines Vaters: ‚Zwei Männer sah'n aus dem Gefängnis in die Nacht; der eine sah nur Dreck, der andre Sternenpracht.' Ich las die Worte immer wieder und begann, mich zu schämen. Ich wollte die Sterne suchen! Ich freundete mich mit den Indianern an und war von ihrer Reaktion überrascht. Ich interessierte mich für ihre Webereien und Töpferarbeiten. Da schenkten sie mir ihre Lieblingsstücke, die sie nicht einmal Touristen verkauften. Ich studierte Kakteen, Yukkas und Josuabäume, lernte Präriehunde lieben, beobachtete die Sonnenuntergänge in der Wüste und suchte Muscheln, die seit Jahrmillionen dort abgelagert waren, als der Wüstensand noch Meeresgrund gewesen war. Was hatte diese erstaunliche Wandlung in mir bewirkt? Die Mojave Wüste hatte sich nicht verändert, ebensowenig die Indianer – wohl aber meine Einstellung. Dadurch wurde aus einer traurigen Erfahrung eins der aufregendsten Abenteuer meines Lebens. Ich war von dieser neuen Welt so begeistert, daß ich ein Buch darüber schrieb. Ich hatte aus meinem selbstgeschaffenen Gefängnis geschaut und Sterne entdeckt!"

Eine schwierige Situation zu verändern, ist nicht leicht. Vielleicht gelingt es uns nicht auf Anhieb. Wir sollten es aber trotzdem versuchen, denn es gibt viel zu gewinnen und nichts zu verlieren. Vielleicht erreichen wir unser Ziel, was gar nicht so selten vorkommt. Aber selbst wenn wir es nicht schaffen, wird uns allein der Versuch dazu bringen, nach vorn zu schauen und nicht zurück. Unsere Kreativität wird geweckt, und wir werden weder die Zeit noch den Wunsch haben, Vergangenes zu beklagen.

In seinem Buch *Sorge dich nicht -lebe!* befaßt sich

Dale Carnegie auch mit Erschöpfung als Ursache von Sorgen. Er rät deshalb: „Ruhen Sie sich aus, ehe Sie ermüden!“ Er hat es selbst praktiziert, und sein Mitarbeiter Murray Mosser berichtet darüber: „Nach unserer Besprechung am Nachmittag begleitete er mich in mein Hotelzimmer. Er wollte sich vor der Abendsitzung noch etwas ausruhen. Er zog seinen Mantel aus, lockerte die Krawatte, öffnete den Kragen, schloß die Augen und war in Minutenschnelle eingeschlafen.“

Dale Carnegie wußte aus Erfahrung, daß häufige Pausen Ermüdung vorbeugen. In seinem Handbuch *How to Teach the Dale Carnegie Course* (Wie man den Dale Carnegie Kurs lehrt) empfiehlt er seinen Kursleitern, sich vor jedem Kursabend eine Pause zu gönnen, um die nötige Energie zu haben: „Wenn Sie sich nicht zu Haus ausruhen können, gehen Sie in die Sauna oder ein Fitness-Center, lassen Sie sich massieren oder entspannen Sie sich. Das ist vor einem Kursabend noch wichtiger als ein Essen. Oder legen Sie sich auf den Schreibtisch oder auf mehrere zusammengeschobene Stühle, wenn es gar nicht anders geht, oder auf den Teppich.“

Carnegie gibt vier Ratschläge, um Übermüdung und Sorgen im Alltag vorzubeugen:

1. Räumen Sie alles von Ihrem Schreibtisch, was nicht zu Ihrer momentanen Arbeit gehört.
2. Erledigen Sie die Dinge nach ihrer Wichtigkeit.
3. Lösen Sie ein Problem sofort, wenn Sie die entscheidenden Tatsachen kennen.
4. Lernen Sie Organisieren, Delegieren und Beaufsichtigen.

Diese Empfehlungen werden auch im Dale Carnegie Management Seminar gelehrt.

Am Anfang jedes Dale Carnegie Kurses muß jeder Teilnehmer angeben, warum er am Kurs teilnimmt und was er davon erwartet. Überraschenderweise geben nur wenige zu, daß sie ihre Sorgen überwinden wollen. Aber am letzten Kursabend berichtet meist eine Reihe von Teilnehmern, daß die Sorgenbewältigung für sie von großer Bedeutung gewesen ist.

Manchmal sorgen sich Menschen um ganz unwichtige Dinge. Sandra Murphy aus einem Kurs in New Jersey sorgte sich um ihre Nase: „Ich versuchte, sie mit Pflastern zu korrigieren, aber es half nicht. Während meiner ganzen Schulzeit hatte ich Komplexe wegen meiner Nase. Nach der Schule begann ich zu arbeiten und machte mir noch immer Sorgen: ‚Wenn ich nur eine schönere Nase hätte, würden die Menschen mich mögen,' sagte ich mir. Schließlich entschloß ich mich zu einem chirurgischen Eingriff. Man brach mir das Nasenbein und feilte die Knorpel weg. Wochenlang hatte ich schwarzunterlaufene Augen und geschwollene Wangen. Ein halbes Jahr später mußte die Operation wiederholt werden, weil die erste nicht zufriedenstellend verlaufen war. Danach hatte ich einen Autounfall, brach mir die Nase und wurde nun zum drittenmal operiert.

Drei Operationen, um schön zu werden! Und als ich nach Haus kam, bemerkte niemand den Unterschied! Die Menschen, die mich früher mochten, mögen mich auch weiterhin, und wer mich vorher nicht beachtete, tut es auch jetzt nicht. Daraus lernte ich, daß man wegen seines Wesens geliebt wird, nicht wegen seines Aussehens. Es war völlig überflüssig, daß ich mir jahrelang Kopfschmerzen wegen meiner Nase gemacht hatte!"

Psychologen, Pfarrer und Berater geben problembeladenen Menschen den Rat, mit anderen darüber zu sprechen, weil ihnen das hilft, ihre Probleme von einer anderen Warte aus zu sehen.

Das erfuhr auch Kim Brandt aus Virginia. Nach fünfjähriger Verlobungszeit wollte sich ihr Bräutigam von ihr trennen. Sie erzählte: „Etwa zur gleichen Zeit begann ich, *Sorge dich nicht – lebe!* zu lesen. Das hat mein Leben gerettet. Ich probierte alle Ratschläge aus, grübelte nicht über Vergangenes, lebte in zeitdichten Schotten und beschäftigte mich. Das half mir sehr. Mein Rat ist: Versuchen Sie all das, und sprechen Sie auch mit einem guten Freund darüber. Vielleicht tut es weh, aber es tut gut!"

Bill Alvarez aus Neu Mexiko sorgte sich ständig und hatte deswegen schon Magengeschwüre. Als er von den Dale Carnegie Empfehlungen hörte, wandte er sie im Alltag an, zum Beispiel: „Regen Sie sich nicht über Kleinigkeiten auf" und: „Leben Sie in zeitdichten Schotten" oder: „Verbünden Sie sich mit dem Unvermeidlichen'. Als er den Kurs beendet hatte, waren auch seine Magengeschwüre fort. Sein Arzt konnte es kaum glauben, aber Bill erklärte es ihm: „Ich habe einen neuen Arzt, er heißt Dr. Carnegie!"

9

Das Dale Carnegie Training – worin liegt sein Erfolgsgeheimnis?

Wenn wir an etwas Fröhliches denken, sind wir fröhlich. Wenn wir an etwas Trauriges denken, sind wir traurig. Wenn wir Angst haben, werden wir ängstlich sein. Wenn wir an Mißerfolg denken, wird er sich einstellen. Wenn wir voll Selbstmitleid sind, werden alle uns aus dem Weg gehen.

Dale Carnegie

Wenn ein Programm so erfolgreich ist wie das von Dale Carnegie, liegt es an seiner Lehrmethode, denn Erfolg ist kein Zufall. Dale Carnegie war ein Pionier der Erwachsenenbildung. Als Pädagoge waren ihm die damaligen Lehrmethoden bekannt. Jahrelang experimentierte er mit neuen Ansätzen.

Von Anfang an interessierte er sich für Deweys Philosophie des „Lernens durch Erleben", die besagt: Erwachsene lernen am besten, wenn sie am Lernprozeß beteiligt werden. Deshalb warnte Carnegie seine Kursleiter davor, Vorlesungen zu halten, denn die Kursteilnehmer dürfen nicht passiv werden, sonst würden sie nicht den größtmöglichen Nutzen aus dem Programm ziehen. Deshalb besteht ihre Mitarbeit am Training in persönlichen Berichten, praktischer Gruppenarbeit, Rollenspielen und Diskussionen.

Für den Kursleiter sind die individuellen Unterschiede der Teilnehmer wichtig. Um Minderwertigkeitskomplexen der Teilnehmer vorzubeugen, sollen sie sich stets vor Augen halten, wie sie vor Trainingsbeginn waren, und sich nicht mit anderen vergleichen. Der Kursleiter unterstützt sie dabei, indem er ihre Fortschritte hervorhebt. Jeder nennt bei Kursbeginn seine persönlichen Ziele, die er im Training erreichen will. Der Kursleiter behält sie im Auge und weist darauf hin, wie jeder Lernschritt zum Erreichen dieser Ziele beiträgt. Er motiviert die Teilnehmer dadurch, daß er auch den Nutzen dieser Ziele herausstellt.

So will z.B. ein Teilnehmer lernen, besser mit seinen Mitarbeitern umzugehen. Nach seinem Bericht über die Anwendung der Empfehlungen für bessere zwischenmenschliche Beziehungen wird der Kursleiter vielleicht kommentieren: „Hier hat Joe echte Sensibilität für die Gefühle seiner Kollegen gezeigt." Dadurch hebt er Joes Führungsqualitäten hervor, und der Applaus der Gruppe ermutigt den Redner.

Leiter der Carnegie Kurse sind positiv eingestellte Menschen. Sie ermutigen und unterstützen die Fähigkeiten jedes Kursteilnehmers. Ihre kurzen Kommentare zu den Reden richten das Augenmerk der Gruppe auf die Hauptleistung des Teilnehmers in der geschilderten Situation. Psychologische Studien haben bewiesen, daß sofortige Verstärkung eher akzeptiert und behalten wird als eine spätere. Dies ist ein Kernpunkt der Dale Carnegie Lehrmethode. Hier wird der Lernprozeß lebendig, weil die Teilnehmer auf ihre Reaktionen und Fähigkeiten hingewiesen werden. Wenn der Lernprozeß aber nur im Kursraum stattfände, wäre das Carnegie Programm nichts besonderes. Es ist deshalb originell, weil das Gelernte auch auf andere Lebensbereiche übertragen wird. Es ist Aufgabe des Kursleiters, die Teilnehmer hierzu zu motivieren. Der Kurs ist in Lernschritte aufgegliedert, und zwar vom Einfachen zum Komplexeren. Die praktische Anwendung findet vor, während und nach den Kursabenden statt. Wenn z.B. die Empfehlungen für bessere zwischenmenschliche Beziehungen besprochen werden, vertieft die Leseaufgabe für den nächsten Kursabend diesen Lernschritt sowie die Aufgabe, das Gelernte während der Woche in die Praxis umzusetzen. Die Redeaufgabe besteht darin, über die Anwendung der Empfehlungen zu berichten. So erfahren die Teilnehmer die Erlebnisse der anderen, und als Ergebnis der Gruppendynamik werden Carnegies Empfehlungen fast automatisch vertieft.

Dr. Burdin, der früher für die Lehrmethode verantwortlich war, erklärte Dale Carnegies Philosophie mit folgenden Worten: „Es ist ein pragmatisches Programm, das auf den Lehren von C.S. Pierce und William James aufgebaut ist. Statt die psychologischen Gründe für ein bestimmtes Vorgehen zu erklären, wird dem Lernenden eine einfache Empfehlung gegeben, an die er sich halten kann. So sucht sich ein Kursteilnehmer ein Thema aus, das er kennt und worüber er gern sprechen will. Menschen fühlen sich freier und sicherer, wenn sie über Bekanntes reden. Der Kursteilnehmer ist sich nur des pragmatischen Teils der Empfehlung bewußt, er erfährt lediglich, wie er ein Thema auswählen soll."

Durch die Kurse wollte Carnegie die Fähigkeiten der Teilnehmer unterstützen, damit sie ihre Ziele eher erreichen. Kursleiter werden gründlich in der Anwendung der Methoden und Techniken geschult. Der Kurs ist weder mechanisch noch starr. Carnegie betonte stets, daß inneres Wachstum Voraussetzung zum Lernen ist.

Dorothy Carnegie formulierte diese Gedanken so: „Wir wollen niemandes Persönlichkeit ändern, sondern Menschen helfen, ihre Fähigkeiten effektiver zu nutzen. Befreit man Menschen von den Fesseln der Angst, können sie sich leichter artikulieren. Erst dann trägt ihre Persönlichkeit zur Erfüllung ihres Lebens bei. Die Freude über neue Ausdrucksmöglichkeiten und die neugewonnene Freiheit, ändern oft Lebens-, Denk- und Handlungsweise eines Menschen. Er bleibt der gleiche, hat aber gelernt, seine Möglichkeiten besser zu nutzen." Ziel des Dale Carnegie Trainings ist der Gewinn eines gesunden Selbstvertrauens. Die Teilnehmer entwickeln dies, wenn sie anfangen, sich zu akzeptieren. Dazu müssen sie lernen, sich besser zu verstehen. Das wird auf pragmatische Weise erreicht: Sie lernen, sich zu motivieren, werden selbstsicherer und positiver. Sie sehen das Leben als Herausforderung, ihre Arbeit ist nicht nur Routine, ihre Familienbeziehungen vertiefen sich und bekommen einen neuen Stellenwert.

Die Dale Carnegie Methode greift auch auf die Gestaltpsychologie zurück, deren Anhänger davon ausgehen, daß man die Gesamtheit einer Situation erkennen sollte, nicht ihre Einzelbestandteile, denn das Ganze ist größer als die Summe seiner Teile. Dies Konzept wird in den Kursen angewandt.

Während die meisten Rhetorikkurse viel Zeit verwenden auf Blickkontakt, Körperhaltung, Notizen usw., sind die wichtigsten Ziele bei Carnegie Überwindung von Angst, Entwicklung gesunden Selbstvertrauens und ehrlicher Begeisterung. Der Dale Carnegie Kurs ist nicht in erster Linie ein Training für öffentliche Rede, eher für Persönlichkeitsentfaltung. Das Reden ist eigentlich nur ein Mittel zu dem Zweck, bessere Kommunikation und Menschenführung zu erlernen. Wenn nur Einzelheiten der Rede betont werden, statt das Ganze zu sehen, wird der Teilnehmer nur ein paar Anregungen über Redetechniken behalten. Erkennt und betont der Kursleiter aber die ganze Situation, erzielt er eine dauerhafte Wirkung.

Eine weitere wichtige philosophische Grundlage der Carnegie Methode ist die Autosuggestion. Diese Idee von Coué basiert darauf, daß es vom „inneren Gespräch“ abhängt, wie man zu sich selbst steht und wie man handelt.

Wenn ein Mensch denkt: „Ich bin ein Versager“, wird er es sein. Wenn er denkt: „Ich bin ungeschickt“, wird er ungeschickt sein. Wenn er denkt: „Ich bin nicht mehr so gut wie früher“, wird er sich auch so verhalten. Denkt er aber: „Ich bin erfolgreich und werde immer besser“, wird ihn dies motivieren. Coués berühmtester Vorschlag für das „innere Gespräch" lautete: „Es geht mir von Tag zu Tag in jeder Hinsicht besser!"

Das Dale Carnegie Training bietet verschiedene Möglichkeiten, diese Anregung zu verwirklichen. Anfänglich werden die Teilnehmer durch die Kommentare des Kursleiters und den Applaus der Gruppe motiviert. Das gibt ihnen Mut, an ihren Schwierigkeiten zu arbeiten. Der Kursleiter muß dafür sorgen, daß kein Teilnehmer nach seinem Bericht ohne das Gefühl einer echten Leistung auf seinen Platz zurückkehrt. Dies wird durch die Berichte der anderen Teilnehmer und deren Fortschritte verstärkt. So entstehen in der Gruppe Optimismus und Begeisterung, die den Einzelnen anstecken. Diese „innere" oder „Auto-" Suggestion trägt wesentlich zum Erfolg bei.

Eine andere Methode ist noch direkter. Ein besonderer Kursabend ist der Entwicklung von Begeisterung gewidmet. Die Teilnehmer lernen, sich selbst Mut zuzusprechen. Sportler und Verkäufer tun dies, um sich anzuspornen. Eine Kursteilnehmerin berichtete, wie eine Anfeuerungsrede ihr half, eine neue Stellung zu bekommen.

Weil ein Mensch Ermutigung braucht, um erfolgreich zu sein, geben die Kursleiter jedem Teilnehmer nach seiner Rede das Bewußtsein, etwas geleistet zu haben. In ihren Kommentaren konzentrieren sie sich auf den positiven Inhalt des Berichts. Gestik, Atemtechnik oder Körperhaltung treten dahinter zurück. Hiermit erreichen sie, daß das Selbstvertrauen der Kursteilnehmer schneller aufgebaut wird. Die Teilnehmer freuen sich auf jeden Kursabend. Sie haben das Zutrauen, daß sie sich verbessern, bis gegen Ende des Kurses dieses Selbstvertrauen Teil ihres Lebens geworden ist.

Dale Carnegie wandte diese Methode an, lange bevor Skinners Theorie der operanten Konditionierung bekannt wurde. Positives wird sofort verstärkt, Negatives weniger beachtet; mit der Zeit wird das Positive zur Gewohnheit.

An jedem Kursabend erhält der Teilnehmer einen Preis, der am meisten an sich gearbeitet hat. Zusätzlich werden besondere Preise vergeben für den besten Bericht über die Anwendung der Carnegie Empfehlungen. Diese Preise werden von den Gewinnern sehr geschätzt, zumal sie von der Gruppe in geheimer Abstimmung ermittelt werden. Sie sind auch der Beweis ihres Selbstvertrauens. Diese Anerkennung verstärkt die positive Kursatmosphäre.

Jeder Teilnehmer gibt an jedem Kursabend mindestens zwei Berichte vor der Gruppe. Der Kursleiter hält keine Vorlesungen. Er beschränkt sich auf kurze Kommentare zu den Berichten sowie Einführungsworte und Zusammenfassungen.

Während eines Dale Carnegie Kurses werden die drei Bücher Carnegies durchgearbeitet: *Wie man Freunde gewinnt*, *Sorge dich nicht – lebe!* und *Rede*. Dazu kommen fünf Broschüren über spezielle Kursthemen. Die wichtigste Broschüre ist die Kursanleitung, die den Inhalt jedes Kursabends sowie Lese- und Redeaufgaben erläutert.

Die Berichte der Teilnehmer enthalten persönliche Erfahrungen. Das gibt Rednern und Hörern Einblick in ihre Entwicklung und Motivation. Durch das Zuhören erkennen die Teilnehmer Ähnlichkeiten mit eigenen Erlebnissen und gewinnen die Einsicht, daß nicht nur sie selbst in bestimmten Situationen Probleme haben. Sie erkennen auch den Wert der Carnegie Empfehlungen, denn die Redner berichten, welchen Nutzen sie durch deren Anwendung im privaten oder beruflichen Leben gehabt haben.

Das erste Drittel des Kurses ist vor allem dem Aufbau des Selbstvertrauens gewidmet. Die Teilnehmer nehmen immer schwierigere Herausforderungen an. Das Reden vor der Gruppe dient zur Stärkung des Selbstvertrauens und zur Überwindung der Angst. In diesen anfänglichen Kursabenden berichten die Teilnehmer über bisherige Erlebnisse. Aber dann gewinnen Gegenwart und Zukunft im Training immer mehr Bedeutung und zwar in Bezug auf die mitmenschlichen Beziehungen, auf das Vermeiden von unnötigen Sorgen, das Behalten von Namen, die Entwicklung von Begeisterung und einer positiveren Haltung zu den Mitmenschen. Die Teilnehmer berichten dann über ihre Erfahrungen bei der Anwendung der im Kurs gewonnenen Erkenntnisse zwischen den wöchentlichen Kursabenden.

Der Kursleiter fungiert dabei sozusagen als Katalysator, der die Klasse in Bewegung bringt und zur Reaktion auf die einzelnen Reden herausfordert. Der Leiter benutzt zwei Möglichkeiten, den Teilnehmern Vertrauen in sich selbst und in ihre Fähigkeiten zu geben; einmal durch seine Kommentare zu den Reden und zum anderen durch direkte und sofortige Unterstützung.

Vor kurzem wies ein New Yorker Kursleiter auf die Wichtigkeit des Kommentierens hin. Die Teilnehmerin Mary H. hatte gerade ihren Bericht beendet. Trotz eines interessanten Themas hatte sie steif und ohne persönliches Engagement geredet. Der Kursleiter kommentierte: „Haben Sie Marys Fortschritt bemerkt, wie sie versuchte, ihre Hände einzusetzen? Sie wollte damit vermitteln, was sie erlebt hat. Jetzt werden wir sehen, wie sie ihren Erfolg nochmals erlebt. Dabei darf sie sogar übertreiben, damit ihre Botschaft noch klarer wird. Und so sieht es aus ..." (nun demonstrierte er kurz, wie er es sich vorstellte). „Also, Mary, zeigen Sie uns, was Sie können!" Mary wiederholte einen Teil ihres Berichts mit größerer Begeisterung und natürlicheren Gesten. Nach dem Kursabend besprach der Kursleiter dies mit seinen Assistenten: „Hätte ich ihr nur nach der Rede gesagt, es wäre besser gewesen, wenn sie lebendiger gewesen wäre, hätte Mary sich als Versager gefühlt und vielleicht die Lust verloren. Weil ich aber ihr und der Gruppe erklärte, was sie versucht hatte und noch besser tun konnte, faßte sie dies gar nicht als Kritik auf. Sie erkannte ihren Erfolg, war positiv eingestellt und kam deshalb bei der Wiederholung aus sich heraus. Auch die anderen empfanden es nicht als negativ, sondern als eine Bestätigung."

Gelegentlich zitieren die Kursleiter in ihren Kommentaren oder Zusammenfassungen berühmte Schriftsteller, u.a. natürlich auch Dale Carnegie. Sie beweisen dadurch, daß es sich um fundamentale Wahrheiten handelt. Das gilt besonders für das Gebiet der zwischenmenschlichen Beziehungen. Hier ist der Redner besonders auf die Zustimmung der Hörer angewiesen.

Was für Menschen sind es, die Dale Carnegie Kurse leiten? Vornehmlich leitende Angestellte aus der Industrie, aber auch Vertreter, Bankleute, Pädagogen, Regierungsbeamte und viele andere. Natürlich haben sie alle den Kurs absolviert und wurden wegen ihrer besonderen Fähigkeiten für das Intensive Training zum Kursleiter ausgewählt. Dies dauert ca. zwei Jahre und wird später in Intervallen fortgeführt. Hauptvoraussetzung ist eine solide Bildung. Viele Kursleiter haben akademische Grade. Nach Abschluß des Dale Carnegie Kurses muß ein zukünftiger Kursleiter in mindestens zwei Kursen assistieren, d.h. er hilft dem Kursleiter u.a. mit Probereden, administrativen Arbeiten und den Teilnehmern durch persönliche Beratung bei ihrer Vorbereitung für die Kursabende. Kursleiterkandidaten nehmen an einem intensiven Training teil, das von einem Beauftragten der Ausbildungsabteilung der New Yorker Dale Carnegie Gesellschaft durchgeführt wird. Nach erfolgreicher Beendigung dieses Trainings führen die Kandidaten das

Programm zunächst gemeinsam mit einem bewährten Kursleiter durch. Erst nach befriedigender Bewährung erhalten sie die Erlaubnis, allein Kurse zu leiten. Sie müssen jährliche Auffrischungsseminare mitmachen, um ihre Lehrbefähigung zu behalten.

Wenn man einen Eindruck vom Niveau und der Lehrmethode das Dale Carnegie Trainings erhalten will, betrachtet man am besten die Prozentzahl der Absolventen. Während bei den meisten Kursen in der Erwachsenenbildung nur ca. 50-60 % der Teilnehmer die Kurse abschließen, liegt diese Quote beim Dale Carnegie Training sogar häufig bei 90-100 %.

10

Carnegie – weltweit

Es gibt auf der Welt so viel Interessantes zu tun! Niemand braucht deshalb ein langweiliges Leben zu führen.

Dale Carnegie

Der Einfluß der Lehren Dale Carnegies ist weltweit. Sein Buch *Wie man Freunde gewinnt* ist in 37 Sprachen erschienen. *Sorge dich nicht – lebe!* wurde in 27 Sprachen übersetzt. In 70 Ländern und auf allen Kontinenten werden Dale Carnegie Programme angeboten.* Dieses internationale Programm stellt eine einmalige Entwicklung der modernen Erwachsenenbildung dar. Durch die Übersetzung werden die Dale Carnegie Kurse nicht grundsätzlich verändert. Ob sie in der kühlen Atmosphäre eines britischen Konferenzsaals oder in einer strohgedeckten Hütte abgehalten werden, in der Hitze der Tropen oder im frischen Skandinavien, es sind grundsätzlich die gleichen Kurse. Überall auf der Welt haben Carnegie Programme das Leben der Menschen bereichert.

Auch Politiker nahmen am Dale Carnegie Training teil. Kabinettsmitglieder, Richter am Obersten Gerichtshof, Parlamentsabgeordnete und Diplomaten von hohem Rang zählen zu den Absolventen. Sowohl der Präsident von Honduras, General Garcia, als auch sein Vorgänger Melgar Castro nahmen am Training teil, auch die Gattin des Präsidenten Paz.

Manche Kurse mußten inmitten von Kriegen, Revolutionen, Erdbeben und Überschwemmungen stattfinden. Im Juli 1958 begann das Training in Havanna mit Drex Gibson als Kursleiter. Sechs Monate später war Fidel

* Nach der Statistik von 1990 – d. Übs.

Castros Erscheinen für die Geschichte Kubas leider wichtiger. Aber trotz der Revolution wurden die Kurse bis Oktober 1960 durchgeführt, zum Schluß sogar heimlich. Gibson wurde verhaftet und fünf Monate eingesperrt. Er wußte nie, ob er nicht am nächsten Tag erschossen würde. Schließlich ließ man ihn frei und in die USA zurückkehren.

1976 erlebte Guatemala sein schwerstes Erdbeben, bei dem über 23.000 Menschen umkamen. Die Hauptstadt wurde zerstört, aber die Bürger begannen unmittelbar danach mit dem Wiederaufbau; bald konnten Geschäfte und Schulen wieder geöffnet werden. Auch der Lizenzträger für Guatemala, Carlos E. Guzman, konnte wieder Dale Carnegie Kurse abhalten.

Einige Wochen später erschütterte ein leichtes Beben die Stadt wieder während eines Kursabends. Der Schock der letzten Katastrophe war noch lebendig. Alle fürchteten ein neues Erdbeben. Obwohl die Erschütterungen nur ein paar Sekunden andauerten, geriet die Rednerin in Panik und konnte nicht weitersprechen. Guzman stellte ihr mit ruhiger Stimme eine Frage und zeigte lebhaftes Interesse für ihren Bericht. Dadurch fand sie die Gelassenheit, ihre Rede abzuschließen. Später gab sie zu, sie habe noch nie soviel Angst gehabt. Nur durch den beruhigenden Zuspruch des Kursleiters habe sie es geschafft, überhaupt stehenzubleiben und zu Ende zu reden. Diese Erfahrung gab ihr viel Selbstvertrauen: „Wenn ich unter diesem Druck eine Rede halten kann, kann mich nichts mehr so schnell umwerfen."

Der erste Dale Carnegie Kurs in England wurde 1956 in der Londoner Cowdrey Hall veranstaltet. Die britische Presse bezeichnete ihn als „naiv". Als sich jedoch die ersten Teilnehmer anmeldeten und das Training absolviert hatten, änderte sich diese Meinung. Tausende haben seitdem in England das Dale Carnegie Training erlebt.

Die ersten Programme in nichtenglischsprachigen Ländern liefen in Mittel- und Südamerika. Dort boten Kursleiter aus den USA zunächst Programme in englischer Sprache an, weil es genügend Nordamerikaner, Engländer und englischsprechende Ausländer gab. Sobald aber spanischsprechende Kursleiter ausgebildet werden konnten, wurden auch Kurse auf Spanisch veranstaltet. Heute sind alle Bücher Dale Carnegies und das Kursmaterial in spanischer Sprache erhältlich.

Selbst wenn Kursteilnehmer über relativ gute Englischkenntnisse verfügen, ist es für sie schwierig, ihre Gefühle in einer fremden Sprache angemessen auszudrücken. Deshalb ist die Carnegie Gesellschaft bestrebt, Programme in der jeweiligen Landessprache abzuhalten, u.a. in Chinesisch, Afrikaans, Tagalog, Isländisch, Hebräisch, Indonesisch, Japanisch, Malaiisch, Suaheli und Thai.

Gelegentlich haben Kursteilnehmer Zweifel, ob ein Kurs aus den USA mit den Gebräuchen und Traditionen ihres Landes vereinbar ist. Eduardo Criado Aguirre, ehemaliger Lizenzträger in Spanien, bemerkte dazu: „Es kommt oft vor, daß sich Teilnehmer zum Kurs anmelden obwohl sie befürchten, er sei vielleicht zu amerikanisch. Doch im Lauf des Kurses schwinden ihre Bedenken." In seinem Zeitungsartikel über *Die Kraft der Persönlichkeit* hat Criado vielen spanischen Lesern die Empfehlungen Dale Carnegies nahegebracht.

In Südafrika werden die Programme in Afrikaans und Englisch abgehalten. Der frühere Lizenzträger Terry Ostrowiak glaubte, daß seine Teilnehmer den Kurs auch belegen, um ihr Englisch zu verbessern. Ab und zu hielt er sein Training in den Wohnvierteln der Schwarzen ab. An den Kursabenden wurde Englisch gesprochen. Eines Abends berichtete ein Teilnehmer über seine Erfahrung mit einem Medizinmann. Plötzlich rief er einen Satz in Zulu. Die ganze Gruppe erhob sich, antwortete nach Stammessitte und nahm wieder Platz. Danach wurde der Kurs wie üblich wieder in englischer Sprache fortgeführt.

Heute sind die meisten Lizenzträger Bürger des Landes, in dem sie die Programme anbieten. Nur noch wenige Amerikaner oder Angehörige anderer Nationen haben Lizenzen für das Ausland.

Einer der bedeutendsten Lizenzträger in Europa ist Dieter Alten, dessen Gebiet ganz Deutschland und Österreich umfaßt. Er wuchs in der Zeit vor dem Zweiten Weltkrieg auf und lernte, die Amerikaner zu hassen. Mit siebzehn Jahren kam er zur Wehrmacht, und er war kurze Zeit Kriegsgefangener der Amerikaner. Weil er wenig Kontakt zu Amerikanern hatte, war seine Meinung von ihnen nicht sehr gut. Schon bevor er für zwei Jahre als Austauschstudent in die USA ging, erkannte er seine Vorurteile gegen die „Eroberer". Auf einem internationalen Dale Carnegie Kongreß erzählte er 1973: „Der Dale Carnegie Kurs hilft den Menschen, andere als Individuen zu sehen, nicht nur als Mitglieder einer Gruppe, gegen die man vielleicht Vorurteile hat. Man lernt Menschen unterschiedlicher Herkunft und Bildung kennen und bekommt dadurch eine neue Einstellung zu ihnen."

Alten sah auch Schwierigkeiten in der Identifizierung mit amerikanischen Beispielen in den zum Kurs gehörenden Lehrbüchern und dem übrigen Material. Bei der Übersetzung mußten einige Beispiele geändert werden, damit sie für deutschsprachige Leser verständlich wurden. Es ist für Deutsche z.B. nicht üblich, Fremde mit dem Vornamen anzureden. Weil dies aber in den Dale Carnegie Kursen der ganzen Welt üblich ist, muß Alten dies erklären. Er sagt deshalb zu Beginn jedes Kurses, daß hierdurch Kommunikationsbarrieren fallen. Um einer unangebrachten Vertraulichkeit vorzubeugen, wird das „Sie“ statt des „Du“ als Anrede verwendet.

Dale Carnegie Kurse werden in Deutschland gut aufgenommen. In einer Firma bei Hamburg war man so von den Kursergebnissen beeindruckt, daß der Direktor sein Verkaufspersonal aufforderte, das Training den Kunden zu empfehlen. Er vergab sogar Prämien für jeden Kunden, der sich daraufhin zum Kurs anmeldete.

Anfängliche Abneigung gegen manche Techniken Carnegies ist nicht selten in Kulturen, die sich von der amerikanischen unterscheiden. Aus England berichtete Paul Werner, Lizenzträger für Birmingham, daß an dem Kursabend, an dem die Teilnehmer aus sich herauskommen und sich aufregen sollen, einer von ihnen den Raum verließ: „Er war städtischer Makler. Ein Mann, der allen konservativen Clubs angehörte, sehr britisch – alte Schule, der zum Dinner einen Smoking anzog. Er protestierte: ‚Wenn ich das tun muß, höre ich auf!‘ und ich antwortete ihm: ‚Sie wissen doch, warum wir dies tun. Sind Sie mit dem Ziel dieser Übung einverstanden?‘ Er nickte. ‚Wollten nicht auch Sie einige Ihrer Hemmungen verlieren?‘ Er dachte einen Moment nach und ging dann zurück in den Schulungsraum. In seiner Rede begründete er sehr entschieden seine Abneigung gegen das Sprechen unter diesen Bedingungen. Er machte seine Sache ausgezeichnet. Später wurde er einer unserer eifrigsten Fürsprecher.“

Im fernen Orient treten andere Probleme auf. Der Lizenzträger in Hongkong beschreibt die Schwierigkeiten im Umgang mit Chinesen. Sie sind sehr darauf bedacht, „das Gesicht zu wahren“. Wenn ein chinesischer Kunde kein Interesse am Kauf hat, würde er aus Höflichkeit niemals „Nein“ sagen, damit der Verkäufer nicht sein Gesicht verliert. Stattdessen gebraucht er solange Ausflüchte, bis der Verkäufer aufgibt. Das macht das Verkaufen frustrierend, denn als Ausländer weiß man nie, woran man ist. Der Lizenzträger berichtete: „Wir überwanden diese Schwierigkeit, als wir feststellten, daß Chinesen sehr ehrlich sind. Bei einem Informationsabend erklärte ich z.B., daß echte Interessenten die Lehrbücher des Kurses nach der Veranstaltung erhielten. Wer sich wirklich zum Kurs anmelden wollte, hat daraufhin die Bücher mitgenommen, und niemand hatte das Gefühl, er müsse unhöflich sein."

In Japan sind die Verhältnisse ganz anders. Dort schikken meist Firmen ihre Angestellten in die Kurse, weil japanische Firmenchefs eher paternalistisch denken und sich für die Weiterbildung ihrer Mitarbeiter einsetzen. Größere Firmen lassen Angestellte aller Ebenen an den Kursen teilnehmen. Oft unterzeichnen sie sogar Jahresverträge mit dem Lizenzträger, weil sie sichergehen wollen, daß ihre Mitarbeiter auch Plätze in den laufenden Kursen erhalten, die Monate im voraus ausgebucht sind. Damit aber auch Teilnehmer kleinerer Firmen in den Kursen Platz finden, wird für sie ein kleiner Prozentsatz reserviert. Der Lizenzträger Frank Mochizuki wählt die Bewerber sorgfältig aus.

Zum erstenmal hörte Mochizuki etwas von Dale Carnegie, als er an der Michigan State University Hotelmanagement studierte. Er nahm in Chicago an einem Dale Carnegie Kurs teil und war so beeindruckt, daß er der Dale Carnegie Gesellschaft vorschlug, die Programme auch in Japan anzubieten. Man bot ihm an, diese Aufgabe zu übernehmen. Weil Mochizuki als Hotelberater aber sehr erfolgreich war, zögerte er, seine Stellung aufzugeben und etwas Neues zu beginnen. Monate später entschloß er sich, das Projekt in Angriff zu nehmen. Heute hat er zwölf Mitarbeiter, die alle Englisch und Japanisch sprechen. Sie sind bis auf einen alle Japaner. Der nichtjapanische Kursleiter ist Angehöriger der Amerikanischen Botschaft. Als Präsident Ford 1975 mit Außenminister Kissinger Japan besuchte, hat dieser Botschafter veranlaßt, daß alle Dale Carnegie Mitarbeiter dem Botschaftsempfang beiwohnen durften.

In manchen Ländern müssen Kursteilnehmer lange Strecken zurücklegen, um am Training teilnehmen zu können. In Australien kommt es vor, daß Teilnehmer im eigenen Flugzeug von abgelegenen Schaffarmen nach Melbourne oder einer anderen größeren Stadt fliegen. Interessierte Bürger einer kleinen Gemeinde mieteten einen Bus, um zur nächsten Stadt zu fahren, in der der Kurs stattfand.

In anderen Ländern ist das Durchschnittseinkommen der Bevölkerung so niedrig, daß die Kursgebühr unerschwinglich scheint. Hier müssen die Lizenzträger und ihre Mitarbeiter hart arbeiten und Firmen motivieren, einen Teil der Kursgebühr für ihre Mitarbeiter zu übernehmen. In Mittelengland, so berichtet Lizenzträger Stanley Ibbotson, in einer Gegend mit verhältnismäßig niedrigem Durchschnittseinkommen, fördert die Regierung Kurse für Erwachsenenbildung, indem sie aus einem dafür gebildeten Fond erfolgreichen Kursteilnehmern 50 % der Kursgebühr erstattet.

Ein anderes Land, in dem die Dale Carnegie Kurse eine sehr gute Aufnahme fanden, ist Island. Konrad Adolphsson, der Lizenzträger, feierte 1976 sein zehnjähriges Jubiläum mit einer offiziellen Abendgesellschaft, zu der er fast dreihundert Absolventen einlud. Ein Mitglied des isländischen Kabinetts sprach als Hauptredner des Abends über die Bedeutung der Dale Carnegie Arbeit für Island. Zahlreiche Regierungsmitglieder und Persönlichkeiten des öffentlichen Lebens sind Kursabsolventen. Adolphsson berichtet, daß 95 % der isländischen Kursteilnehmer durch begeisterte Absolventen geworben werden, so daß er selten öffentliche Werbung machen muß. Eine Gruppe von Absolventen, die er liebevoll seine „Armee“ nennt, hilft ihm dabei. Richard D. Morgal, Vizepräsident der Dale Carnegie Gesellschaft, flog zur Zehnjahresfeier nach Island. Er brachte Adolphsson und seinen Mitarbeitern in isländischer Sprache die Glückwünsche der New Yorker Carnegie Organisation.

Einige Monate später feierte Tony Stemp, Lizenzträger in Durban, sein 21. Dale Carnegie Jubiläum. In jeder größeren Stadt Südafrikas werden Dale Carnegie Programme durchgeführt. Jahrelang mußte das Training für Schwarze, Weiße und Angehörige anderer Rassen getrennt angeboten werden. 1976 meldeten sich sechzig Inder und dreißig Weiße für zwei Kurse an, die gleichzeitig beginnen sollten. Weil keiner der Teilnehmer etwas dagegen hatte, machte Stemp daraus die ersten beiden gemischten Kurse in Durban. Auch in anderen südafrikanischen Städten wurden bald gemischte Kurse abgehalten. Stemp berichtet, daß dadurch viele Menschen zum erstenmal in ihrem Leben echten Kontakt mit Angehörigen anderer Rassen hatten.

In Ecuador erhielten einmal 380 Absolventen, die in neun Kursen ausgebildet worden waren, in einer einzigen Feier ihre Abschlußdiplome. Mehr als tausend Gäste, Familienangehörige, Freunde und bekannte Persönlichkeiten nahmen an der Feier teil. Nach Verleihung der Diplome gab es einen Sturm der Begeisterung, Lieder wurden gesungen, und sogar ein Schlangentanz wurde aufgeführt, wie es bei Fußballspielen oft an der Tagesordnung ist.

John Cooper, damaliger Vizepräsident der Dale Carnegie Organisation und seine Frau Edna waren zu der Feier eingeladen worden. Sie wurden am Flughafen von etwa 800 Carnegie-Freunden empfangen. Fahnen wurden geschwenkt, und eine Wagenkolonne begleitete sie mit Hupen bis zum Hotel, wo die Feierlichkeiten mit Musik und Tanz in der Hotelhalle weitergingen.

Auch in Israel finden Dale Carnegie Programme begeisterten Anklang. Die Lizenzträgerin Dalia Ailon, gebürtige Israelin, kam mit sechzehn Jahren nach USA. Zum Studienabschluß schenkten ihre Eltern (beide Carnegie Absolventen) ihr den Kurs. Dalia war sehr beeindruckt und fand, auch in Israel müßten unbedingt Carnegie Trainings angeboten werden. Sie versuchte, verschiedene Leute dafür zu interessieren, aber Dale Carnegie Lizenzen kann man nicht kaufen. Lizenzträger in USA und dem Ausland müssen sich ihre Position jahrelang erarbeiten. Dalia fand niemand, der bereit war, ein derart langes Training auf sich zu nehmen. Obwohl Dalia Ailon damals erst wenig über zwanzig Jahre zählte, waren die verantwortlichen Leute der Dale Carnegie Organisation von ihrer Intelligenz, Begeisterungsfähigkeit und Hingabe so beeindruckt, daß sie ihr anboten, Lizenzträger für Israel zu werden, wenn sie sich einer zweijährigen Ausbildung unterzog. Sie war einverstanden und sagte danach: „Ich erhielt vielleicht ein umfangreicheres Training und führte mehr Diskussionen als andere vor mir in der Organisation, weil ich zur rechten Zeit am rechten Ort war."

Im Januar 1973 kam sie in Israel an und eröffnete ihr Büro. Am Anfang war es sehr schwer, die Kurse zu verkaufen. Die Menschen lehnten die neue Idee ab. Als sich nach den ersten Kursen jedoch herumsprach, daß dieses Training den Menschen wirklich hilft, wuchs die Teilnehmerzahl gewaltig. Zunächst wurden die Kurse nur in englischer Sprache angeboten, dann aber auch in Hebräisch. Alles lief sehr gut während der ersten acht Monate. Dann entschloß sich Dalia Ailon während der hohen jüdischen Feiertage ihre Eltern in New York zu besuchen. Zwei Jahre später bei einem Kongress der Dale Carnegie

Organisation in San Diego berichtete sie dann, was damals geschah:

„Am Yom Kippur hörte ich im Radio, in Israel sei Krieg ausgebrochen. Natürlich flog ich nach Hause, mein Platz war jetzt dort. Es war der schrecklichste Flug meines Lebens. In der Maschine saßen nur Israelis, meist Offiziere und Generäle. Keiner wußte, wie es weitergehen würde, und wir alle hatten Angst. Ich arbeitete während des Krieges als Freiwillige in einem Krankenhaus, weil ich etwas für mein Volk tun wollte. Als die Kämpfe aufhörten, war meine Carnegie-Welt zusammengebrochen. Einer meiner Kursleiter hatte als Panzeroffizier am Sinai gekämpft, ein anderer war Sanitäter irgendwo auf den Golanhöhen gewesen, die Teilnehmer waren überall verstreut. Ich zögerte sie anzurufen aus Angst, jemand würde mir sagen, sie seien verwundet oder tot.

Sieben Monate lang fanden keine Kurse statt. Ich war deprimiert und geschockt. Im Büro saß ich einfach da und starrte in die Luft. Eines Tages klingelte das Telefon und, Yehuda Barkai, ein Absolvent meines zweiten Kurses meldete sich:

‚Dalia, gerade bin ich zurückgekommen. Wie geht es dir? Was machst du?' Er merkte sofort meine Niedergeschlagenheit und kam unverzüglich ins Büro. Er erzählte mir: ‚Als Fünfzigjähriger hatte ich die schlimmste Aufgabe von allen. Ich mußte den Familienangehörigen berichten, daß ihre Söhne gefallen waren. Nur die Stärke, die das Dale Carnegie Training mir gegeben hat, hielt mich aufrecht. Und du warst meine Kursleiterin. Was sitzt du hier herum und brütest? Es gibt eine Menge Leute um dich herum, die deine Hilfe brauchen. Sie sind deprimiert und wissen nicht, wie sie neu anfangen sollen. Sieben Monate sind seit Kriegsende vergangen, und du sitzt hier herum und tust nichts. Du hast die Medizin, die sie brauchen und gibst sie ihnen nicht. Du bist eine Kriminelle!‘

Ich sah zu ihm auf und hatte zum ersten mal das Gefühl, den Schock des Krieges überwunden zu haben.

Yehuda fuhr fort: ‚Steh’ auf und fang an, neue Kurse zu organisieren. Du bist die Einzige in Israel, die ihnen helfen kann. Hör’ auf zu brüten und und tue etwas!‘

Das ging mir zu Herzen. Ich wurde aktiv, hatte in kurzer Zeit einen neuen Mitarbeiterstab organisiert, und die Dale Carnegie Kurse wurden in Israel wieder angeboten.

Die Kraft, die mich wieder auf die Beine gebracht hatte, war nicht von mir gekommen, sie kam von meinen Schülern, von den vielen Menschen, die von meinen Lehren profitiert hatten. Sie gaben mir nun zurück, was sie einmal von mir empfangen hatten.“

Hunderte von Carnegie Mitarbeitern denken wie Dalia Ailon. Über zweieinhalb Millionen* Absolventen profitierten deshalb in aller Welt durch das Training. Sie haben die Stärke erlangt, ihr Leben mit größerem Selbstbewußtsein und mehr Begeisterung anzupacken. Sie können jetzt ihre Ideen wirkungsvoller ausdrücken und bessere zwischenmenschliche Beziehungen in ihrem Berufs- und Privatleben aufbauen.

Die Erfahrungen aus dem Dale Carnegie Training enden nicht mit dem Kurs. Sie beeinflussen das Leben der Absolventen und regen sie an, neue Wege zu einem befriedigenderen und bereichernden Leben zu finden.

* Mittlerweile sind es mehr als 3 Mio. Menschen.

Der Verfasser

Dr. Arthur R. Pell ist ein in USA bekannter Autor, Redner und Berater für Fragen der Menschenführung. Er arbeitet mit vielen Firmen auf den Gebieten des Personalwesens, der Ausbildung, Menschenführung, Motivation und Kommunikation zusammen. Dr. Pell unterrichtete an verschiedenen Universitäten und ist Adjunct Professor für Management an der Universität New York.

Dr. Pell ist Verfasser zahlreicher Artikel und schrieb fünfzehn weitere Bücher über Management, Pesonalfragen, Karriereplanung und zwischenmenschliche Beziehungen. In den USA und Kanada führt er Seminare durch, an denen bisher ca. 25.000 leitende Angestellte aus der Wirtschaft teilgenommen haben.

Dr. Pell hat den Bachelor, Master und Ph.D. Titel und ein Diplom in Personalpsychologie. Er wird in *Who's Who in the East*, *Who's Who in Finance and Industry*, *Contemporary Authors* and *Who's Who in America* genannt.

Seine Begeisterung für Dale Carnegies Methode zur Bereicherung des Lebens spiegelt sich in diesem Buch wider.

Information

Dale Carnegie Programme werden in den USA, in Deutschland und in siebzig weiteren Ländern durchgeführt. Wenn Sie mehr darüber wissen möchten, schreiben Sie an:

Dale Carnegie & Associates, Inc.
1475 Franklin Avenue
Garden City, New York 11530 USA

oder an die Veranstalter im deutschsprachigen Raum.